JN122099

アスファルトに種を蒔け

35年後に芽吹く!
老後2000万円問題を
吹き飛ばすための
不動産投資術

上野大輔
Daisuke Ueno

梓書院

はじめに　――自分たちの未来を切り拓く方法――

不動産業を営んでいると、日々多くのお客様と接して、色々な話をする。ひとくちにお客様といっても職業や年齢は様々だが、当社の場合は大半が一般的な収入でつつましく生きている〝庶民〟だ（当社も代表からスタッフまで全員庶民だが）。その多くのお客様が口にするのが〝将来への不安〟。つまりお金のことだ。

「収入が減ったらどうなるのか」、「このまま物価や税金が上がり続けたら苦しい」、「定年後の暮らしがイメージできない」……無理もない。日本の社会は、どれだけ働いても世の中の流れに見合った昇給がないといういびつな構造になっているからだ。インフレで物価は上がり、税金や社会保障費も上がり、どさくさに紛れて水道光熱費も上がる中で、生活水準はずぶずぶと沈んでいくというスパイラルに陥っている。そんな中で誰もが何かに怯え、明るい未来を描き出せずにいる。

こうした人たちは、決して不安定な仕事に就いている訳ではない。安定した企業に勤めていたり、公務員として働いたりしつつ、立派な社会人として生きている。しかも、非常にまじめな方ばかりだ。上からの指示に従い、クライアントの要望に応えながら、世の中の役に立とうと毎日汗をかき、靴底を減らしながら奔走している。それなのに、である。

私はそんな人たちこそ、**老後も幸福な人生を歩んでいけるような世の中**が理想だと思うのだが、皆さんはどうだろうか。そして私は、現在の社会が理想とは程遠いものだと感じているのだが、どうだろうか。

このようなギャップに直面する中、私は「この国はどうなってしまったのだろう」と危惧を感じ続けている。同時に、「これからどうなっていくのか」とも考える。そして、私はこうした状況に投げ出された人たちの人生を好転させる〝解決策〟を持っている。この解決策をできるだけ広め、そして実践してもらい、自分たちの未来を切り拓いていってほしい。これが、私が「本を出そう」と考えた出発点だ。

今の日本で、国からのサポートはあまり期待できない。今後そうした傾向はさらに強まっていくはずだ。例えば近年、**「公助・共助・自助」**という言葉をよく目にするようになった。言うまでもなく、公助とは国や自治体からの支援、共助は国民や事業者などの連携による助け合い、そして自助は国民一人ひとりが自らの対策・対応で困難を乗り切る力を意味する。これらの言葉は、特に災害対策のシーンで使われることが多かったが、最近は対象が拡大され、社会福祉などのシーンでも用いられることがある。これが何を意味するか分かるだろうか。

つまり、「何もかも国に頼らないでください」と言われているということだ。国は公助で国民を守ろうとするが、それで足りない部分が出てくるので、国民は各自でなんとかしてその穴を埋めてくださいね、という意味のことをオブラートに包んで言い換えているにすぎない。昔はこんな言葉を聞くこともなかったが、よほど行政も切羽詰まっているのだろう。むしろ公助という言葉は今後、「公に対する国民からの助け」という意味に変貌するかもしれない。実際、これを書いている時点では「サラリーマン増税」のことがトピックになっているし、これは序章にすぎないという見方が多い。消費税増税から4年も経っていないのに、この有り様だ。

突き詰めて言えば、少子高齢化と日本の経済の陰りによって国の歳入が減り、国民は従来のような収入や手厚い社会保障は期待できないということだ。地盤沈下は確実に進んでいる。

そして、こうした流れの中で増えたのは、自分のことだけを考える人たちだ。特に最近は、手段を問わずに儲けたお金で、刹那的に生きる人たちを目にすることが増えた。法律を犯していなければ別に問題はないのかもしれない。しかし、そういった人たちの姿を透かして見えてくるのは「利己主義」という文字だけだ。自分さえよければいい、そんな考えの人が増えたように感じる。本来、日本人は島国の中で助け合って生きるという共助の文化、言い換えれば「利他の心」という徳を大切にする人種ではなかったのか。

私は、こうした利己主義のもとで生きている人たちを見るのが好きではない。「お金を儲けて勝ち組になろう」という考え方にも賛同できない。お金を稼ぐこと自体はもちろん良いことだが、「生きたお金の使い方」をするべきだと考えている。社会に対して、そして未来に対して積極的に関わり、責任を持ち、その上で自分の将来を切り拓いていくことが大切だ。当然お金は必要だが、それは自分のためだけではなく、社会へ還元されていくものであるべきではないだろうか。

だからこそ、「今、何をすればいいのか」を考えなくてはならない。そして意識が改まったら、後は行動するのみである。もちろん、何もしない人には事態を好転させることはできない。

当社では、この「今、何をすればいいのか」と考える人たちを全力でサポートしている。そして、ノウハウを教えて少し背中を押すだけで、そうした人たちは自らの人生設計にイノベーションを起こし、やがて歩き始めていく。彼らの先にあるのは、不安の無くなった将来だ。

こうしたサポートをする際に、私が皆さんに伝えているのは、当社が試行錯誤の末に生み出した「大福メソッド」だ。詳しくはこれから本書の中で語っていくが、不安定な社会の中で、この大福メソッドを足掛かりにして、幸福な未来を手に入れていただきたい。そんな人が1人でも増えることを願って、私は当社のノウハウを惜しみなく伝えていきたいと思う。

と、まるで演壇から聴衆に語りかけるように綴ってしまったが、私も皆さんと同じく今の時代を生きる人間の1人である。仕事を離れれば、18歳の子をもつ普通の父親だ。47年間の人生の中で、多くの失敗をし、少しの成功を経験した。こんな一庶民が本を出すということにためらいはあったが、自分自身の経験から伝えられることは山ほどある。それを伝えるのはできるだけ早い方がいいと考えて本書を出版することに決めた。こうしたこともふまえて、啓発・啓蒙というよりも、身近な人からのアドバイスという感覚で読んでいただければ幸いである。

令和5年11月

㈱大福不動産　代表取締役社長　上野大輔

目次

［第1部］

あなたに資産運用が必要な理由

第１章

まずは現実を直視することから

この一冊は、ごく端的にまとめてしまえば「将来の不安をなくすための本」だ。不動産に関する知識を身につけるためのものではないし、お金儲けの方法を学ぶためのものでもない。ましてや過度に不安をあおって身の丈に合わない商品やサービスを買ってもらおうとするものでもない（世の中にはそうした商売も溢れているが）。

この本を通して伝えたいのは、今を生きる人たち、特に働き盛りの世代が将来を思う時、どうしてもつきまとってくるモヤモヤ感——得体のしれない不安のようなものの正体をつきとめ、その不安を根源から断ち切る方法について伝えること、これに尽きる。そのための手段はいくつかあるが、私は不動産投資のプロとして、また様々な投資を経験してきた者として、「なぜ不動産投資なのか」を語っていきたいと思う。そして、この本を読み、未来に向けてアクションを起こそうとする人たちにコミットしていこうと考えている。それに際し、注意しておいてほしいことがあるのでここで述べておきたい。

まず、不動産投資のことを知っている人も、そうでない人も、頭の中を一旦白紙に戻してほしい。実際、不動産投資に関するインターネット記事や書籍などは世に溢れているが、それらの中には情報が正確でないものや、特定の事業者の利益に偏ったもの、アフィリエイト広告など、あまりおすすめできないものも山ほどある。ひどいものになると、他の投資を勧めるために不動産投資のリスクばかり並べているものすらある。もしそうした情報に触れていた場合、それらの内容から植えつけられた先入観は、ここから始める話の中で私が伝えたいことを邪魔するだけで読者には何のメリットももたらさないだろう。ここで一旦、これまでの知識を真っ白にしていただきたいと思う。

そしてもう1つ伝えておきたいのは、私がこれから伝えていく不動産投資についてのアドバイスは、皆さんが将来を不安なく迎えられる基盤づくりをするためのものであって、決して〝お金持ち〟になるためのものではない、ということだ。この2点をふまえた上で、私が不動産投資について持っている知識の全てを伝えていきたい。

安定した給与をもらえている人が投資をする意味とは？

不動産投資の解説に入る前に、この章ではまず、私が今まで多くのアドバイスを行ってきた中で、比較的多く受けてきた質問への回答から例示していこうと思う。いきなり専門的な話を始めるのではなく、皆さんにとって、より身近な問題として捉えてほしいからだ。おそらく、この章を読み進めていく中で、これを読んでいるあなたにも心当たりのある疑問が出てくるのではないだろうか。それでは第1の質問から始めたい。

Q.「将来のことを考えると、金銭的な面で漠然とした不安を感じるのですが、安定した給与があるのにリスクを背負ってまで投資をする意味はあるのでしょうか？」

よく受ける質問の1つだが、こうした疑問が生じるのは当然だといえる。特に基盤のしっかりした大きな企業に勤めている人や、公務員などの安定した職に就いている人の場合、退職さえしなければとりあえず一生安泰であるかのように思えることもあるだろう。実際、高額な年収を得て、着実に貯金をし、定年後に100歳まで生きてもまだ資産が残るという人もいる。そうした人たちは、資産運用の話よりも財産をいかに社会へ役立てるかを考えるべきかもしれない。もちろん、そんな人たちはごく一握りで、現実にはほとんどの人たちが「お金のことには死ぬまで苦労しない」と言い切れる自信はないはずだ。そんな皆さんに語りかけたいと思う。私からのメッセージは**「固定給があれば安心」の時代はもう終わり。これからは「将来のために何もしない」方がリスクになる**、というものだ。

ここで言う〝何もしない〟とは、投資を含めた、資産形成全般を意味する。順を追って説明しよう。

まず、ある架空の人物〝A氏〟を思い描いてほしい。年齢は30歳前後で、独身の男性。仕事は公務員で年収は500万円ほど、あまりぜいたくはせず堅実に生きているタイプだ。

彼は今、ざっくりとしたライフプランを立てている。近い将来に結婚し、家族が増えて、家を建てて——といったイメージだ。そのイメージは幸せ感に満ちているものであるべきなのだが、実際はそうではない。なぜならその将来像に〝お金に関する不安〟がつきまとっているからだ。そしてその不安の根底にあるのは、例えば「家族をきちんと養っていけるかどうか」「望み通りのマイホームを手に入れられるのだろうか」といったことだろう。そして、そうした不安要素の最後に出てくるのが「老後のお金は足りるのか」ということ。いわゆる「老後2000万円問題」だ。

このようにライフプランをシミュレーションする際には、いくつかのポイントがあって、中でも〝悲観的にも楽観的にもなってはいけない〟という点は忘れてはいけない。あくまでも現実をみつめながら客観的にイメージすることが、より中身のあるライフプランに繋がるからだ。そして、その客観的なライフプランを立てる上で、老後2000万円問題は重要なファクターとなる。これをきちんと理解していないとここから先の話が成立しないので、一旦きちんと整理しておきたい。

この老後2000万円問題とは、定年退職をした後、給与所得がない状態で、夫婦が30年間生きていくには2000万円必要になる。ならばそのお金をどうやって用意するのか？　という問題だ。前述のA氏の場合は、定年まで勤め上げさえすればまとまった退職金が出るので、それで2000万円はクリアできるかもしれない。ただし、ここに落とし穴がある。

まず、これはあくまでも老後を**「ただ生きていくため」に必要なお金**を意味している、ということを理解するのが第一。2000万円は衣食住で消えてしまうので、そこに**〝幸福な老後〟は含まれていない。**退職後に夫婦で海外旅行をしたり、孫のために何かを買ってあげたり、住宅を住みやすくリフォームするといった特別な出費は一切加味されていないのだ。つまり選択肢は、老後も頑張って働き続けて不足分を稼ぐか、仕事はせずに切り詰めた生活を続けるかの2択、ということになる。

また、それだけではない。これから先の経済事情を考えていくと**「一生で稼げる額は決まっているのに出費は増える」**という状況が続くことになる。食費や買い物で出費を制限したとしても、物価と税金が上がっていけば結局はマイナスにならざるを得ないのだ。

これらの現実を一つひとつ見ていけば、順調に昇給しているはずなのに手元に残るお金がなかなか増えなかったり、貯金ができなかったりする理由がお分かりいただけるかと思う。

　そもそも、給与所得の中で3分の1以上は、税金や社会保険などに充てられており、手取りの中でも水道光熱費は今後値上がりする可能性が極めて高い。残った可処分所得、つまり自由

消費者物価指数

(全国、持家の帰属家賃を除く総合、年次、1950年の値を1.00とした場合)
(2022年分は直近月の値)

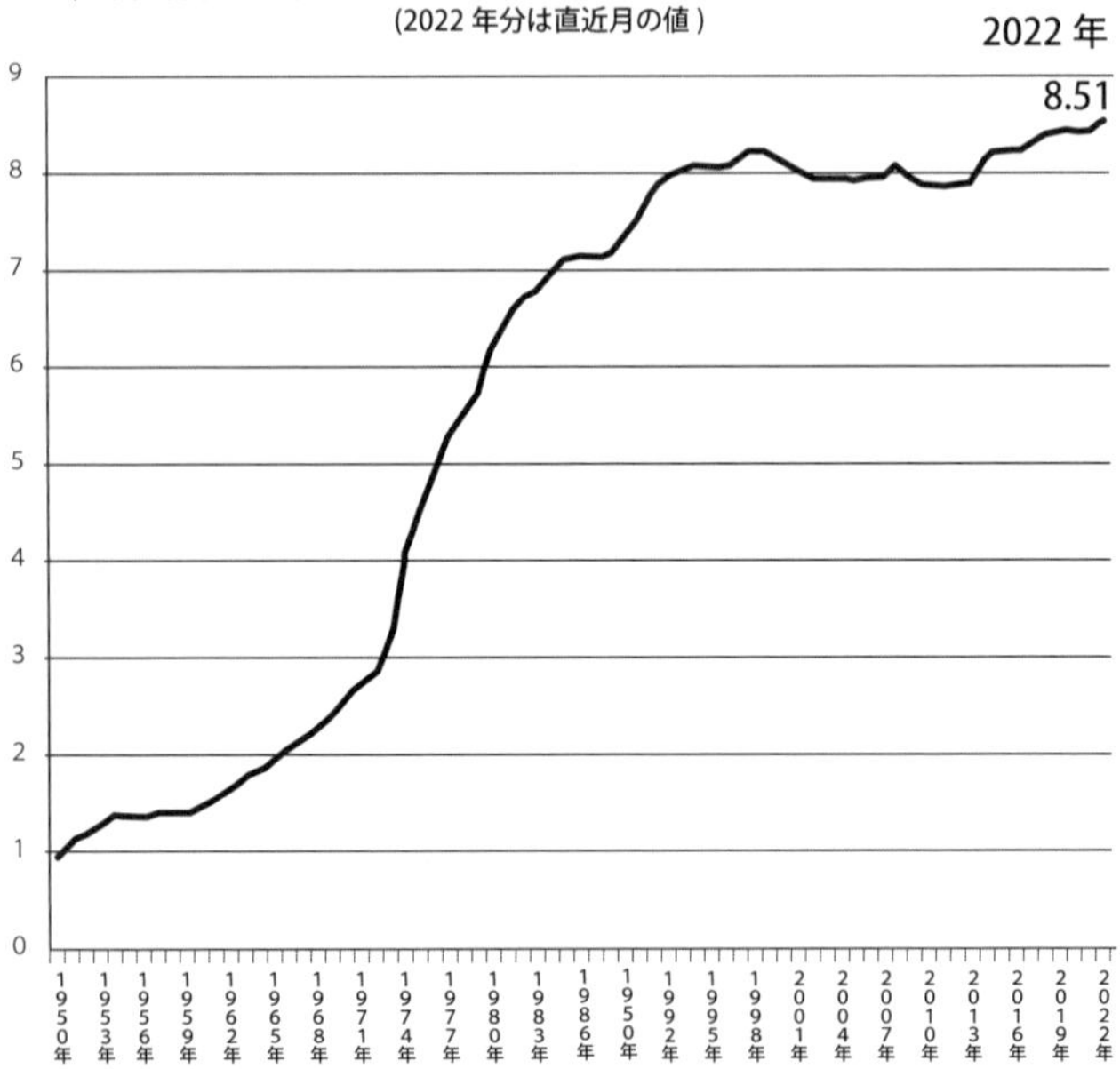

日本銀行HP「昭和40年の1万円を、今のお金に換算するとどの位になりますか？」より作成

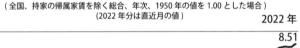

に使えるお金も、使うたびに消費税がかかり、その消費税もいつ上がるやら……という先が見えない状態になっているのだ。

こうした現実を、すぐには受け入れられない人も多い。なぜなら、ひと昔前は全く違う常識が通用していたからだ。特に、終身雇用や年功序列が当たり前だった時代は、60歳で定年を迎え、そこから先は年金をもらいなが

日本の租税・社会保障費

(一般政府、租税部分詳細、積み上げグラフ、対GDP比)

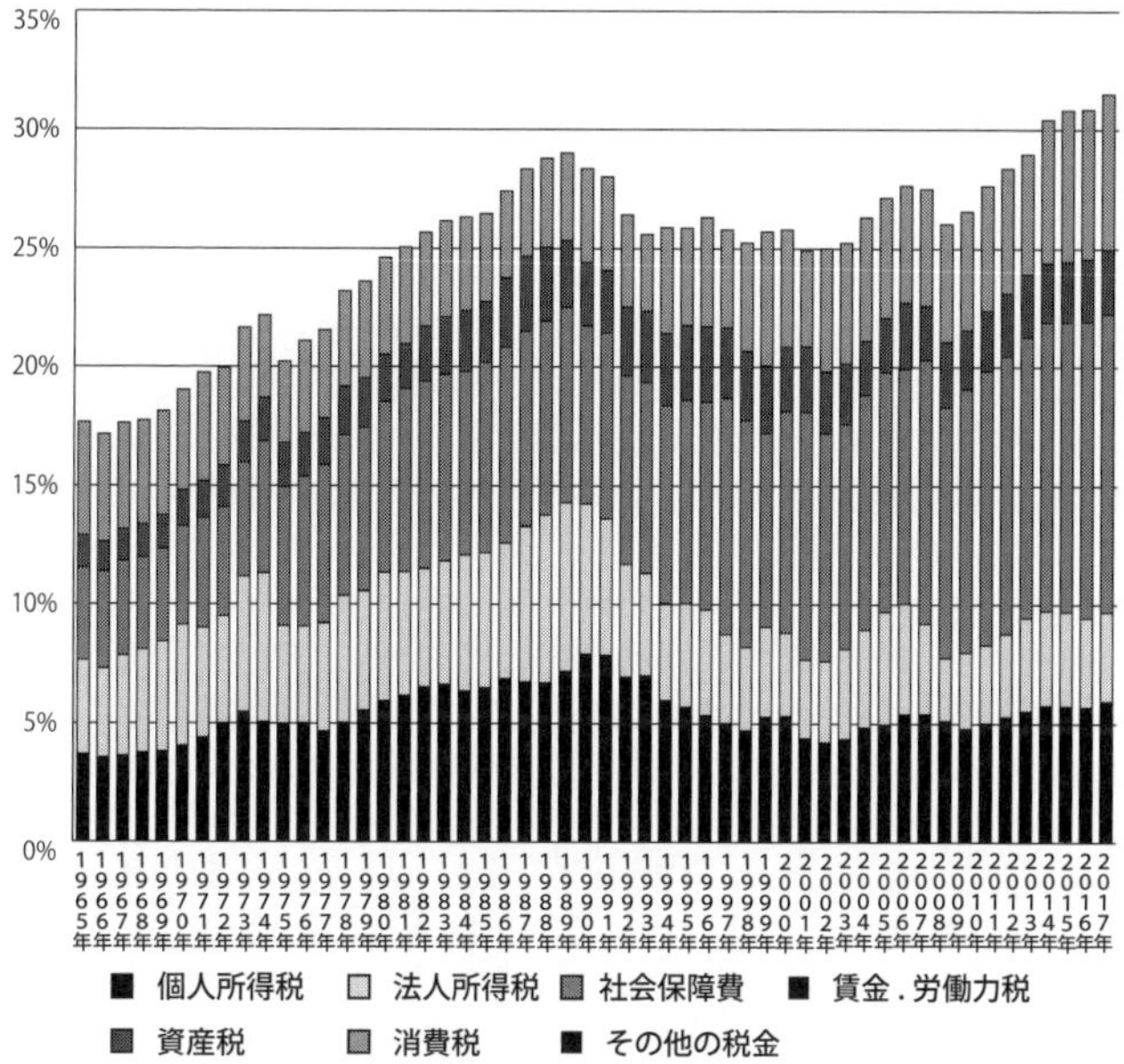

OECD(経済協力開発機構)の公開データベースOECD.Statの公開値より作成

らゆっくりと趣味の時間や家族との時間を過ごす――そんな〝悠々自適モデル〟のライフプランを描いていた人が多かったことと思う。そして、そんな時代の名残が今も亡霊のように世の中をさまよっている。まじめに働いた人には幸福な老後が約束されている、という幻想だ。

しかし今は「人生100年時代」。**昭和や平成の常識は通用しない。**社会のあり方は変わったし、社会保険料は上がり、年金の受給額は減る。銀行の利率は下がる。さらに、そうした現実にはお構いなしに世の中はお金を使わなければならない方向に進んでいく。例えば、今ではインターネットやスマホのない生活など考えられなくなり、それに伴う出費も増えたが、同じように新しいサービスが生まれれば、それに必要な出費も増える。私たちは資本主義社会に生きていることを自覚しなくてはならない。

これは個人だけの問題でなく、国も同様だ。少子高齢化で税収が落ちる。その反面、

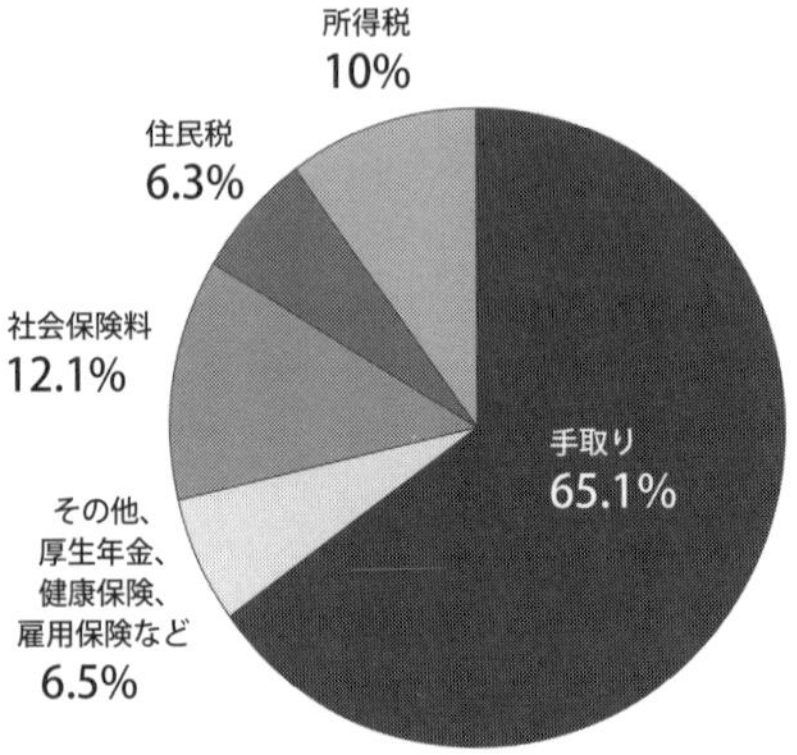

手取り額のイメージ
（人によってパーセンテージは変わります）

行政サービスの充実やDX推進などで歳出は増えていく。これが会社ならとっくに経営破綻しているだろう。これからの時代、**国からの手厚い保障は期待できない**と考えなければならないのだ。

そしてもう1つ、忘れてはならない点がある。そもそも「期待していただけの退職金がもらえるのか」ということだ。事実、退職金制度を廃止する企業は、会社の規模を問わず増加傾向にある。これは自然な成り行きなのだろう。世の中では転職が当たり前となり、終身雇用が崩壊し、経済成長が鈍化した上にコロナ禍が追い打ちをかけた。企業とて背に腹は代えられないのだ。今後も退職金制度を廃止する企業は増加するだろうという予測もある。それにとどめを刺すのが退職金増税という奇妙なアイデアだ。「勤務年数が長い人ほど税制面で優遇されるのはおかしい」というのが政府の言い分らしいが、これはもうこじつけを通り過ぎて〝言いがかり〟レベルではないだろうか。ともあれ、こんな時代である。退職金に大きな期待をかけるのは間違っているのかもしれない。

残念ながら現代の日本では、私たちはみんな〝下りのエスカレーター〟に乗っている状態なのだ。みんながゆっくり下って行っているから気付きづらいのだが、お金という面で将来を見れば、ポジティブな要素はとても少ないのが現実。間違いなく言えるのは、国の人口が減っていくということで、人口減は納税者が減ることを意味し、納税者が減れば国や自治体はジリ貧になり、社会保障の内容はおのずと薄くなる。だからこそ、一人ひとりが何らかのアクションを起こす必要がある。冒頭で伝えた**「将来のために何もしない」方がリスク**だというのは、そういうことを意味しているのだ。

定年退職後の不安

Q.「老後の蓄えが2000万円では足りないのであれば、具体的にいくらあれば安心なのですか？」

前項の質問に答えると、続いてこの質問が二の矢で飛んでくることが多い。当然といえば当然だ。国が発表している金額では足りないとなれば、何を信用すればいいのか……と誰だって不安になるだろう。そのモヤモヤを解消するために、具体的にいくら必要なのか試算してみようと思う。ここで大切なのは、**不安を数値化・可視化して「ならばどうするか」と思考を動かす**ことだ。

そもそも近年の日本では、年金制度の問題や少子高齢化、不景気などの要素が絡まって様々な不安が渦巻いているが、コロナ禍以降は社会に混乱が起き「ますます雲行きが怪しいぞ」と感じている人が増えているはず。この、世の中を覆っている暗雲の正体がまさに「お金の不安」だ。

国民の老後は赤字になる——これは「金融庁」がはっきりと認めた事実。2019年6月に「人生100年時代を見据えた資産形成を促す報告書」が発表されたが、この報告書で国民には「2000万円」というショッキングな数字が突き付けられた。婉曲に「自分たちで何とかしなさい」と言われているようなもので、ちょっと待ってくれと言いたくもなるが、これは事実なので受け止めるしかない。

……とはいえ、暗い話ばかり続けても何も解決はしない。そろそろ明るい方に目を向けてみよう。

まず、この事実には全ての国民が直面している、ということは覚えておきたい。これを読んでいるあなた個人の問題ではないので、その点については過度に不安になる必要はない。なにせこれを書いている私自身も同じ事実を突き付けられているのだから。

そしてもう1つは、この問題から逃れられる人もいるということ。それはどんな人かというと主に2種類いて、すでにしっかりとした蓄えを持っている人か、あるいは**しっかり蓄える道筋を自分で立てられる人**だ。逆に言うと、これら以外の人は、実際に老後を迎えた時になってリアルに「金がない」という問題と向き合わなくてはならなくなる。

問題は明確なのに、何も行動を起こさないのだから当然だ。

ここで、前者の〝蓄えを持っている人〟はさておき、私が増やしていきたいと考えているのは後者に属する人たちだ。今、アクションを起こさなければという事実に気付き、ではどう行動するべきかという解決方法を学んで、それを実行する行動力を持った人だけが、不安のない老後を送ることができるのである。

さて、「老後2000万円問題」改め、**「老後2000万円でもまだ足りない問題」**に話を戻そう。

国は通常、「健康で文化的な最低限度の生活」を基準にお金の試算を行う。この言葉は何を意味するのか考えてほしい。「健康で文化的」という字面から老後を想像すると、元気なお年寄りが地域サークルに通ったり趣味に興じたり、ショッピングを楽しんだりして、適切に医療サービスを利用し、時には観光旅行などにも出かけつつ、子や孫たちに囲まれて笑顔で過ごしている……といった絵を思い浮かべてしまうかもしれない。しかし、問題はその後の「最低限度」である。この最低限度という基準は人によって異なると思われるが、行政の解釈ではおそらく、旅行に行くとか、お金を出して趣味に興じるといった場面は想定されていないはずだ。同じ「健康で文化的〜」という言葉は生活保護の制度でも適用されているが、受給者が毎年旅行に出かけているようなことになったら何かと問題が起きるだろう。そうした事実からも察せられる通り、〝最低限度〟というラインは生活水準という視点でみるとなかなかに低く、文字通り〝最低〟の〝限度〟なのである。特に、先行きが不透明な日本社会において、増え続ける高齢者に対応するためには「健康で文化的な最低限度」ラインはさらに下がる可能性があり、「死なずに済む」くらいの水準に捉えておいた方がいいかもしれない。もちろんそうならないでほしいと私自身願っているのだが、30年後の日本がどうなっているのか、誰にも分からないのである。

●ゆとりある生活を送るには、月15万円不足

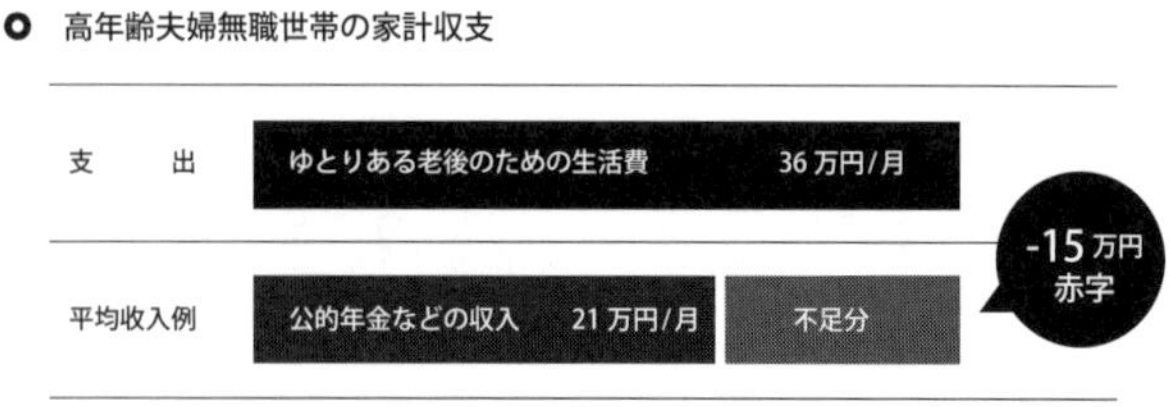

では、「ゆとりある暮らし」「豊かな老後」を送りたいと希望するなら、いったいいくら必要なのか、そして、その赤字を補うためにはどのくらいの貯金や収入があればいいのか、それはすぐに試算できる。ここで再度、前述のA氏に登場いただき、彼の場合でシミュレーションしてみよう。

当社の調査では、老後に受給できる公的年金の一般的な金額は夫婦で21万ほどと出ている。それに対し、「とりあえず最低限度のラインはクリアしている」ではなく、衣食住に不満がない上に、趣味などに興じる余裕もあるという状態、いわゆる〝ゆとりある生活〟を送りたいと考えた場合、ざっと36万程度が必要になる。これらの差額は15万円だ。

また、近年の国勢調査によると、日本人の平均寿命は男性がおおむね81歳、女性が88歳くらいだが、この数字は今後さらに延びることが予想されている。このシミュレーションで寿命を

●必要な貯金額は、なんと3400万円不足！

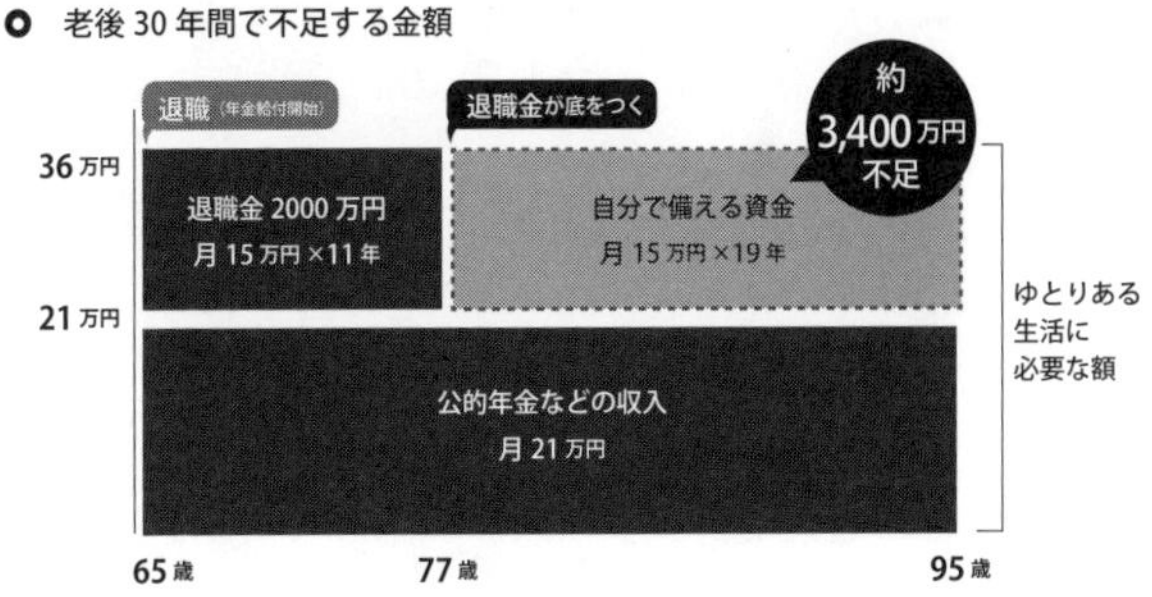

短く設定してしまうと楽観的な結果になるので、仮に95歳まで生きるとしよう。すると年金受給開始の65歳から余命が30年。毎月15万円の赤字が30年続くと、**不足額は合計5400万円**になる。

この数字のインパクトがご理解いただけるだろうか。2000万円を退職金に期待したり、コツコツ蓄えていったりしたとしても、まだ3400万円足りないのである。さらに、その2000万円ですら、**約11年で底をついてしまう。**残りの人生は19年。さて、A氏はどうやって生活していけばいいのだろうか。

65歳で定年退職したとして、11年が経過すれば76歳。何か新しい仕事を始めようとするのは現実的ではない年齢だ。であれば、そうならないような計算を考えてみよう。

不足分は３４００万円なので、定年退職の65歳を見越して30歳のときから毎月貯金するなら、３４００万円÷（35年×12ヵ月）≒８・１となり、月々８万円ずつを積み上げて行けばギリギリＯＫだ。しかし問題は、毎月８万円の貯金が現実的なのかどうかということにある。

Ａ氏の例でいうと、今後結婚して、子どもが生まれて、マイホームを建てて、といったライフプランがある。子どもが私立や県外の学校に進学するかもしれないし、マイカーの買い替えも必要になるだろう。時には家族旅行にだって行きたいはずだ。そうした支出とは別に、月々８万円をコツコツと積み立てていくのは至難の業のように思える。老後のゆとりを最優先に考えて、目の前の生活から充実や満足を削り、今のゆとりを無くしてしまうのは考えものだし、場合によっては子どもたちも巻き込まれてしまうだろう。それならば、生涯年収は大きく変えられないとしても、**資産を着実に増やしていく方法**をとるべきだという答えに到達する。その方法こそが**「投資」**だ。

ここで誤解しないで欲しいのは、私が話しているのは「投資」であって**「投機」では**

ないという点。今でも、投資という言葉に「ギャンブル的な空気を感じる」という先入観を持った人が多くいるが、その大半は投機との混同から生まれた誤解からきている。株や金（ゴールド）、ＦＸ、先物、暗号資産などの相場変動を読んで、短期的な利益を追求するのが「投機」。これに対し、お金を投入する先の将来性を長期的な視点で見ながら、じっくりと増やしていくのが「投資」。もちろん投資で１００％利益を得られるとは限らないが、投機に比べればはるかにリスクは低く、損失も少ない。プロのサポートを得ながらきちんと見極めをすればさらに安心だといえる。

ちなみに、日本ではまだまだ預貯金が安心という意識が根強く残っているが、欧米では資産運用で将来に備えるという考え方が一般的だ。今のように金利が下がってしまっている状況ならなおさらだし、金融機関に預けて資産を塩漬けにしておく意味がない。そのため、徐々にではあるが日本でも、若い世代を中心に**「貯金より投資」という考え方**が広まってきている。

他にも様々なポイントがあるのだが、それらについてはおいおい語っていくことにしよう。まずは、投資を将来への選択肢に加えてみる、というスタートラインに立ってほしい。

投資を始めるのは何歳頃がいいのか？

次の質問も、投資というものを十分に理解できていないがために生じるものだろう。私も、この言葉を何度も耳にしたことがある。

Q.「20代・30代というのは、投資を始めるにはまだ早いのでは？」

このように聞く人は大抵、「投資は収入が上がり、手元の資産もある程度増えてから行うもの」だと考えている。しかし実は逆で、若い人ほど投資を始めた方がいい、というのが事実だ。**貯蓄がなくても安定した給与収入があれば投資は可能。若い人の方が「時間持ち」だと、考えを変えよう。**

そもそも投資は、「お金が貯まってから始めるもの」ではない。貯金や保険に置き換えて考えると分かりやすいのだが、現金がたっぷり貯まってから銀行に預ける人は珍しいだろうし、生命保険の一括払いというのもあまり例がない。投資もこれらと一緒だ。とりわけ不動産投資で重要なのは「今いくら持っているか」ではなく**「キャッシュポイント（給与がもらえる回数）があと何回残っているか」**という点にある。

試しに計算してみよう。Aさんは現在30歳だ。公務員なので給与は年に12回、賞与が2回とすると、1年に14回のキャッシュポイントがある。65歳で定年を迎えるとしたら、14回×35年＝490回。つまりこの回数分だけ給与をもらうことができるわけだ。

これに対し、40歳から投資を始めた場合も試算してみよう。ここには10年分の差が生まれる。するとキャッシュポイントは350回となり、140回分が減ってしまうため、当然ながら1回ごとの負担額は高くなる。その時に、その負担額を払えるかどうかは誰にも分からない。仕事でどんなポジションにいるか、どのような家庭を築いて子どもは何人いるか、どんな土地のどんな住居に住んでいるか。マイホームか賃貸か……いろんな要素に左右されるからだ。

つまり、投資において「お金ができたら始める」という考え方は誤っており、負担を分散させることができるうちにアクションを起こすこと、つまり**「時間があるうちに始める」のが正解なのだ。**「若い」というのは「人生の残り時間が多い」ということ。「時間持ち」は投資において強力な武器になる。

公務員や副業禁止の会社でも投資はできるのか？

投資というのは何らかの利益を見込んで行う行為なので、それにまつわる様々な懸念も出てくる。そうした中でよくある質問が以下のようなものだ。

Q．「公務員の副業は禁止されているし、同様の会社も多くありますが、不動産投資はどうなのでしょうか？」

この疑問には即答できる。**投資は副業に含まれない。**例えば総務省の定義では、副業とは「主な仕事以外に就いている仕事」とされているが、投資は〝仕事〟ではない。あくまでも、利益を見込んで資産を運用する行為である。従って、**公務員や副業禁止の会社に勤めている人でも、不動産投資を行うことは全く問題ない。**

副業について説明する上で分かりやすいのは、厚生労働省が発表している「副業・兼業の促進に関するガイドライン」だ。この中で、企業が制限できる副業の内容が次のように例示されている。

(1) 労務提供上の支障がある場合
(2) 業務上の秘密が漏洩する場合
(3) 競業により自社の利益が害される場合
(4) 自社の名誉や信用を損なう行為や信頼関係を破壊する行為がある場合

これは、公務員や副業禁止の会社に勤めている場合でも同様だ。ともあれ、投資は副業に該当しない。それを前提に、さらに安全を期すため上記のガイドラインを投資にも当てはめてみると、「業務時間中に投資に関する行為をしない」、「業務上の守秘義務を徹底する」といった点を守りましょうということになるのだが、これらは社会人としての常識の範疇にあるものなので、投資をしているからといって特別に意識すべきことでもないだろう。

実際、当社のお客様の多くは会社員か公務員の方々だが、不動産投資を行っていることが問題視された事例は1つもない。あえて注意点を述べるとしたら、確定申告が必要になるのでお忘れなく、といったことくらいだ。

本当に怖いのは、なにもせずに時間が過ぎていくこと

前項までの説明を行うと、ようやく投資というもののアウトラインがつかめて、「自分にもできるかも」と考えが変わってくる人が多い。そうした場面では以下のような質問をよく受ける。

Q.「実際に自分が投資を始めるとしたら、何が必要ですか？」

私からの回答は決まって1つ。投資に必要なのは**「決断力」**、これに尽きる。不動産投資に関していえば、準備金などは必要ない。また、当社の場合でいえば手続きや管理運用をサポートする仕組みを揃えているので、不動産に関する知識も不要。細かいことは追って解説するが、専門知識は後からついてくるので、基礎的かつ正しい情報をもとに「よし、やるぞ」と決める、その決断力だけが求められる。

そして、前述の通りできるだけ早く決断することも大切だ。若い人の方が「時間持ち」で有利なので、あとはその時間を有効に使えるかどうかにかかってくる。しかし、それでも足踏みを続けている人がいる。何が決断を妨げているのだろうか。多くの人は、ここでもお金のことが気にかかって判断が鈍くなっている。こと不動産に関しては安くても数千万のお金が動くので、それを背負うことに不安を感じるのだろう。しかし、以下の内容を説明すると、大抵の人は考えが変わる。

まず、当社のお客様のほとんどは自分の現金を不動産に投じていない。基本的に、銀行から融資を受けて不動産を購入しているからだ。ここで誤解がないように強調しておきたいのが、不動産投資に投ずるのは、お金が足りないから借りる〝借金〟ではなく、**何かを始めるために資金を融通してもらう〝融資〟**だということだ。銀行から借りて、返済が必要という意味では同じに思えるかもしれないが、本質は全く異なる。

これを言い換えれば、投資のための融資は「良い借金」だということだ。例えば、農家の人が収穫を目指して購入する種や苗のようなものだと考えてみればいい。やがて種は芽を出し、成長して、作物として収穫され、種を購入した時よりも大きな利益を農家にもたらす。これと同様に、不動産投資のための融資は、消えていくお金ではなく、実りをもたらすお金である、ということだ。

ここで理解しておいてほしいのが、不動産投資にはその〝実り〟が大きく2つあるということ。これらは**「キャピタルゲイン」**と**「インカムゲイン」**と呼ばれている。

キャピタルゲイン（Capital Gain）は直訳すると「資本に紐付いた利益」で、不動産そのものの価値を指す。つまり、売却した際に得られる利益だ。一方、インカムゲイン（Income Gain）は、不動産投資のケースで訳すると「家賃で得られる利益」。こちらは不動産を継続的に持っていることで、毎月コンスタントに利益として入ってくるものを意味し、この家賃収入を返済にあてることができるため、手元に資金がなくても不動産投資は始められる、という仕組みだ。

ここまでの説明の中で、とりたてて難しい部分はなかったと思う。そして同時に、これが不動産投資の全体像であり、ややこしいことは何もないのだ。しかし、こうした投資の仕組みを今まで日本では教えてこなかった。教育でも、社会に出ても、投資に触れる機会が極端に少なかったため、いまだに投資を「謎の領域」だと不安がっている人が多いのである。

これに対し、マネーリテラシー教育が盛んな国では、このような「借金と融資」、「浪費と投資」といったものの違いを子どもの頃から教えている。それが子ども達の将来を守るものだと理解しているからだ。この違いは何から生じるのか？　おそらく日本では戦後から平成に至る頃まで、経済成長の波に乗って安定したライフプランを組むことができていたからだろう。終身雇用、年功序列、強固な経済、強い円……しかし、今はそんな悠長なことを言っていられる時代ではないはずだ。

一定の年齢層、おおむね30代以上の人たちは、親世代が「銀行に預けるのが一番」と信じていた影響を受けているので、このように考え方を転換することに抵抗があるかもしれない。しかし、若い世代に向けては官民問わずお金の教育が盛んにおこなわれており、2022年からは学校教育の場でも「資産形成」や「ライフプラン」の授業が取り入れられるようになった。これは教育指導要領に明記された国の方針だ。まだ何の結果も出ていないので早計は禁物だが、一応喜ばしいことだと言っていいだろう。こうした動きの背景には、成人年齢の引き下げに伴って、マネーリテラシーをより高めていかなければならないという焦りがあったものと思われるが、今後はこうした教育の効果も現れ、今の若い人たちにとって「投資」や「資産形成」は身近な存在になっていくだろうと考えられる。

ただし、当たり前のことだが、若者世代のマネーリテラシーが高まっているからOK、ではない。「老後2000万円でもまだ足りない問題」に直面するのは、今働いている世代、つまり私たちだからだ。私たちが準備を怠っていると、大変な老後を迎えることになり、みじめな姿を後の世代の人たちにさらすことになってしまうだろう。自分たちの幸福はもちろんだが、若い人たちには、人生の先輩として充実した姿を見せてあげたいものだ。

それでも、将来への不安を抱える一方で、何も行動を起こさない人が大半だというのが現実だ。金融庁のアンケート調査によると、「資産運用を行わない理由」は**「まとまった資金がないから」**が1位となっている。

これは資産運用の方法にもよるのだが、不動産投資に限っていえば資金は必要ない、というのはすでに説明した通り。また、**「投資の知識がないから」**という回答に対しては、投資のプロなど、信頼できるパートナーを見つけていくのがベストだ。そして**「投資は損をしそうで怖いから」**というものもある。この心理は、ここまで述べてきた通り投資や資産形成に不慣れな日本人独特のものなのかもしれない。そこで試しに、その不安の根拠を聞いてみたらどのような答えが返ってくるだろうか。おそらくその回答に明確な理由はなく「なんとなく」といったものが多いのではないかと思われる。「なんとなく危険な気がする」「ちょっと怪しい気がする」のようなものだ。そんな曖昧なフィーリングで、自分の将来を閉ざしてしまうべきではない。

ちなみに、行動経済学では「プロスペクト理論」という考え方がある。ざっくり説明すると、得られるものよりも損失の方に気を取られてしまい、理論的思考から外れた行動をとってしまう、というものだ。前述の回答を理屈で説明するなら、まさにこれが一致する。「損をする可能性があるなら、選ばない」と考えてしまうがために、将来の「2000万でもまだ足りない」状況に、一歩一歩向かっているのである。

大切なのは、決断することと、第一歩を踏み出すこと。そしてそのタイミングは、**キャッシュポイントをより多く持っている時＝若い人ほど適している**ということだ。何もアクションを起こしていない場合、その思考停止期間が長ければ長いほど、自分のキャッシュポイントを失っていることになる。この損失に気付いていないことが何よりも怖いのではないか、私は常々そう考えており、そう訴え続けている。

さて、ここまでは〝投資〟全体のことについてレクチャーしてきた。次章では、これを不動産投資というカテゴリーに絞って、さらに説明していきたい。

有価証券投資は必要だが、保有経験がない理由（有価証券投資未経験ベース）

・有価証券保有未経験だが、今後は投資は必要と認識している層が投資していない理由をみると、「まとまった資金がない」が7割、「知識がない」が5割弱、「損をしそうで怖い」が4割弱で続く。「資金面」が、投資行動に至るまでの大きな壁となっている様子がうかがえる。

Q. 今までに有価証券を保有したことがないが、今後は投資は必要とお答えの方に > 有価証券（※）への投資は資産形成のために必要だと思うのに、実際に有価証券を保有したことがないのは何故ですか。あなたのお気持ちにあてはまるものをすべてお答えください。
（※）有価証券：株式、国債などの債券、投資信託、REIT、ETF を指します。預貯金や不動産、FX 等は含みません。

< 有価証券投資は必要だが、保有経験がない理由 >n=1135

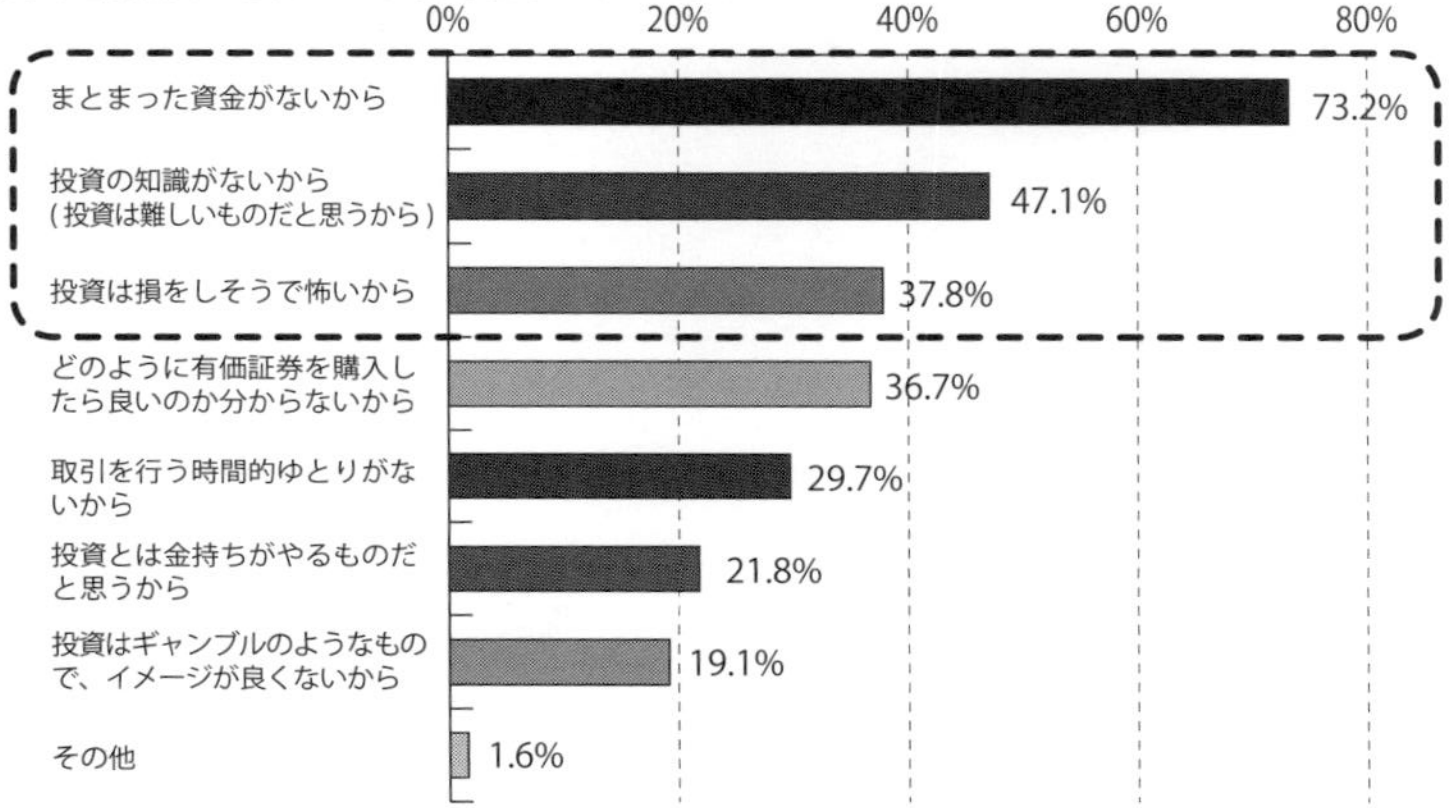

第2章

なぜ不動産投資を選ぶべきなのか

資産運用のポートフォリオとは

ここからは、不動産投資の特徴とメリットを語っていきたい。ただ、話を始める前に確認しておきたい点がある。そもそも、資産運用には様々な考え方があるし、投資の手段も多種多様だ。そうした中で、果たして不動産投資一択でいいのだろうか。

この問いに対して「もちろんです」と即答したり、あるいは「不動産投資があなたの将来を必ず豊かにします」などと約束したりする業者は、あまり信用しない方がいいかもしれない。なぜなら、10年後、20年後の日本がどうなっているか、あるいは不動産を含めた投資関連の市場がどのような状況なのか、誰にも正確な予測などつかないからだ。当たり前のことなのだが、なぜかこうしたセールストークに乗せられて無謀な投資に手を出してしまう人も多い。巧言令色鮮し仁（こうげんれいしょくすくなしじん）。まずはその業者が正直か、あなたの将来をきちんと考えてくれているのかを、見極めてほしい。

また、前章で伝えた通り不動産投資はギャンブルではない。何らかのリターンを求めて、リスクも背負いつつアクションを起こすという意味では似ていると感じる人がいるのかもしれないが、本質が違うのだ。ただし、それでも不動産投資で100％利益を得られるという保証はできない。

例えば、私たちが取り扱っている福岡市の土地や建物の価値が暴落してしまう可能性は極めて低い。しかし0％ではない。このリスクを見極めることが投資のコツであり、少しでもリターンを得るための大きな要素でもあるのだが、それについては後で伝えたいと思う。

まず、ここで覚えておいて欲しいのは、投資をする際には「何をしたらいいか」と二者択一的に考えるのではなく、**「色々やった方がいい」**ということ。なぜなら、**投資の**

基本は「分散」だからだ。

投資と投機の違いはすでに説明した通りだが、投機と比べてリスクは非常に低いとはいえ、投資でも損をしてしまう人はいる。なにせ金融業界の最先端で働くベテランのトレーダーでさえ時に読み違いをするくらいなので、一般の人たちはなおさらだ。例えば国内株式に全額を託したとして、もし市場が暴落したら資産を大きく減らしてしまう。

しかも、この〝もし〟の可能性は決して低くはない。株の暴落という点で振り返ると、私たちの記憶にあるものだけでも、バブルの崩壊にはじまり、米国同時多発テロ、サブプライム・ショックにリーマン・ショック、そしてコロナ禍と枚挙にいとまがないのだ。そうした何かが起こるたびに、青ざめて右往左往する庶民が大勢出ていたことを忘れてはならない。

そんなことにならないよう、「国内株式を○%、海外株式を○%、国内債券を○%」などと、資産を分けて運用するのが分散投資だ。端的に言うとリスクヘッジなのだが、**投資の世界ではこれを「アセットアロケーション」と呼んでいる。**

アセットアロケーションは、「資産（asset）を、どの対象にどういう比率で配分（allocation）するか」と考えることを意味する。その対象が株であり、投資信託であり、不動産であるということだ。他にも様々な投資対象があるのだが、いずれにしても「○○を買っておけば大丈夫」「□□を買うのがベストの選択」といった答えにはならない。投資に関しては「色々やった方がいい」というのが最適解だといえる。

もちろん「色々」といっても、手当たり次第に投資をしましょうという意味ではない。投資において「数撃ちゃ当たる」的な考え方をするのは非常に危険だ。一発一発が貴重な資産であり、持ち弾がなくなったら将来が閉ざされる。だからこそしっかり狙いを定めなければならないし、照準を合わせたら**〝何をどういう比率で買うか〟という点を考えることが大切だ。この組み合わせは「ポートフォリオ」と呼ばれている。**このポートフォリオについて簡単に説明しよう。

例えば株式投資。比較的ポピュラーな投資手段だが、こまめな売買を繰り返して利益を出す方法もあれば、中・長期的な目線で見て安定的に運用する方法もある。前者は投機で、後者は投資。この目的によって買う銘柄も全く変わってくる。これは不動産の世界でも同じで、短期の売買によって生じる差益をターゲットにしたり、海外不動産などで一攫千金を目指したりする人もいれば、マンションなどを長期間にわたって保有し、じっくりと資産を形成していく人もいる。もちろん購入する不動産にも違いが生じることになる。

世の中には、株も不動産も数えきれないほど溢れているが、それらの中からリスクの高いもの・低いものを見極め、利益とリスクのバランスが取れるように組み合わせるのがポートフォリオ。この組み合わせ方を考えるのが大事なのだ。

ここで念のため注釈だが、「投機＝悪」ではない。もし資産がたっぷりあるのなら、その一部を変動の大きな商品に投入してみるのも面白いかもしれない。**まずいのは、そうしたハイリスクな商品に対し、投機だと理解せずに資産を投入してしまうこと**だ。近年の分かりやすい例として、暗号資産のケースが挙げられる。

コロナ禍に入って間もない頃から、ビットコインをはじめとする暗号資産の価値が急騰した。金（ゴールド）や暗号資産には、国際社会情勢が不安定になると価値が上がりやすい特性があり、このセオリー通りにチャートが急上昇したのだ。中には過去最高値をつけた銘柄もあったようで、この波に乗れとばかりに一部の業者が購入をあおり、その言葉を信じ切った人たちが投機目的で暗号資産を購入したところ、米政府による金融引き締めなどの影響を受けて暗号資産市場の相場は軒並み下落。大半の銘柄のチャートが急激な下降曲線を描いていった。その後もこうした傾向は止まらず、2022年はクリプトウィンター（暗号資産の冬の時代）の到来だと言われたほどで、多くの人が大損をしたそうだ。その反面、急落手前で売り逃げに成功した人は大儲けをしたものと思われる。

この事例で問題なのは、「必ず儲かる」と信じ切って資産を投入してしまった人たちだ。まず大前提として、暗号資産は相場の変動が激しいので安定的な投資には向いていない。だからどうしても投機的な色合いが強くなってしまうのだが、それを理解せずに皮算用だけで参入した人たちは苦汁をなめるような経験をすることとなった。何とも気の毒な話だが、もう少し調べておいた方が良かったのでは……と言わざるを得ない。投機のリスクに関する知識が足りていなかったのだ。もちろんこうした事例があったとしても、それが「投機」というものであり、別段悪いことではないし、日常的に起きていることだ。

少し話が逸れたが、こうしたリスクを避け、着実に資産を増やすことを目指すのであれば、ポートフォリオをきちんと作った上で投資を行うことが求められる。ここで、「ポートフォリオなど作ったことがない」という声が聞こえてきそうだが、ご安心いただきたい。当社のサポートで不動産投資を始めた人のうち、ポートフォリオを作った経験を持つ人はほんの一部であり、大半の人は私たちのアドバイスを受けながら一緒にポートフォリオを作り、納得感を持って投資を始めている。まずは作り方ではなく、ポートフォリオの存在意義を理解していただければ問題ない。

このポートフォリオを作る際に大事なのは、株なら株、不動産なら不動産で、きちんと整理して考えることだ。例えば保険商品にしても、「死亡保障だけつけていればOK」という考え方にはならないだろう。定期保険か終身保険か、入院・通院・手術などの区分ではどれに加入するか、といった選択をするはずだ。つまり、その人や家庭にあった形で保険商品を組み合わせていくように、投資商品も**その人の収入やライフプランなどに合わせて組み立てていく**ことになる。

私自身、不動産業を営んでいるので自分の資産として不動産を所有しているが、他にも株や投資信託などに投資をしている。そうやって複数の投資対象を持つことで、それぞれの良さがあることも実感している。こうした腹落ち感を持つためにも、まずはアセットアロケーションをしっかり考え、不動産投資も他の方法も含めた上で投資していくことをおすすめしたい。

不動産投資では自己資金が必要ない

さて、このように選択肢が多い投資という領域において、なぜ当社が不動産投資を勧めているのかについて説明が必要だろう。実際、「不動産投資は素人には難しい」と誤解している人もいるが、まったくそんなことはない。投資が初めての人でも始めやすい、とてもシンプルな仕組みになっていて、他の投資商品と比べてもハードルは低いといえる。

まず、**自己資金がなくても始められる**という点が大きい。時折「頭金が必要ですよね？」と聞かれることがあるが、不動産投資に関しては専用の不動産投資ローン（融資）を利用するケースが多いので、頭金は不要。担保価値がある物件であれば、たとえ自己資金を持っていたとしてもそれを削る必要はなく、不動産投資ローンによる融資で全額まかなうことができるのだ。これが、不動産投資の大きな特徴だといえる。

例えば、銀行で「保険に入るのでお金を借りたい」と言っても断られるだろう。しかし不動産の場合は、投資対象に担保としての価値があれば融資をしてくれる。そして、そのお金で不動産を購入し、家賃収入からローンを返済していく。つまり、**不動産を担保として、他人の資本で自己資本が増やせる**ということだ。

〝投資〟という言葉がついただけで、変にややこしく感じたり、人によっては怪しげなカラクリがあるのではと考えたりしがちだが、仕組みとしてはこの通り。不動産投資は非常に単純な投資方法だといえる。

ここで1つ疑問が生じるかもしれない。それは、「不動産の購入にはそれなりの金額が必要だが、銀行はそれを貸すか・貸さないかをどうやって判断するのか」というものだ。実はこれも非常にシンプルで、銀行は外部の鑑定会社に委託し、資産価値を判定してもらっている。お金を貸す側としても客観的な査定を根拠にしないと融資はできないので、そこはしっかりと審査をする。委託を受けた鑑定会社は、物件を見極め、長期的に入居が見込める物件かどうかを判断していく。その際には、建物自体の価値はもちろん、周辺環境も査定の対象になる。例えば、駅のそばに立地しているとか、学校や病院が近い、地域に再開発の予定がある、などなど。そうした諸条件をひっくるめて「担保価値がある物件」が「銀行の融資が受けられる物件」となっていく。

そして、融資ＯＫという判断が出たら登場するのが、不動産投資に特化したローンだ。通常、住宅のローンと聞くと「自分が住もうと思っている家やマンションを購入するためのお金」を借りるものを思い浮かべるかもしれない。むしろ大半の人がこちらを連想するだろう。これは「実需ローン」であり、自宅を購入する際に利用するもので、一般的な住宅ローンだ。これとは別に、投資用の住宅を購入するためのローンがあることは、実はあまり知られていない。

金融機関の側からすると、自分が住む家やマンションを買う「住宅（実需）ローン」も、投資のための物件を買う「不動産投資ローン」も、どちらも同じような金融商品。お客様にお金を借りていただいて、利息を取るという形に変わりはない。もちろん、借りる側からすれば、借入金の上限や金利、諸条件などの違いがあるが、金融商品を投資に使えるということ自体が、実はとても大きなメリットなのだ。なぜなら、**個人として借りたお金を投資に充てられる**ようなものは、他にはほとんど存在しないからである。

同じ投資でも、例えば株の場合は元本保証がないため、価値がなくなると投資したお金がゼロになってしまう可能性がある。そうなると金融機関は貸したお金の回収が困難になるので、最初から貸さない方がいい、ということになるだろう。しかし、不動産の場合は抵当権がついているので、回収不能な状況になる心配はない。現物資産だから相応の価値が保証されていて、金融機関も一定の担保が得られる。こうした部分も不動産投資の特徴だ。

さらに、月々の返済は入居者が払う家賃の中から支払っていくので、毎月の給与から何万円も取り分けて支払う必要もない。これらのことから、不動産投資は**「元手がなくても始められる投資方法」**として支持されているという訳だ。そもそも、ローンとは〝時間を買う〟ものだと言い換えることができるが、不動産投資に関してはこうした特徴を持つため、前述の通り若い人の方が〝キャッシュポイントが多い〟という面でメリットが大きい。早めに始めることで、より多くの〝時間を買う〟ことができるのである。

このように、とてもシンプルで分かりやすいのが不動産投資の特徴なのだが、前述の通り「不動産投資は難しい」と考えている人もいる。実際、不動産投資にも色々なものがあり、不動産を証券化して金融商品にするなど、高度な方法も存在する。こうした投資方法は、ある程度の投資スキルを持った人でないと難しいといえるだろう。

しかし、中古の区分マンションを買って貸し出すという、いわゆる〝借家業〟は仕組みがとても簡単だ。そもそも、マンションやアパートを貸す・借りるということ自体がすごく身近な行為なので、誰にでもイメージできるし、借りる側の立場もすぐに理解できるはずだ。

株やFXなどは、値動きとして可視化されるとはいえ、全くの初心者には「難しい、ややこしい」と感じられることも多いかと思われる。それらと比べても不動産投資の全体像はすこぶる分かりやすい。自分が所有している資産をリアルに〝モノ〟として見ることができるし、その不動産がある地域の様子を眺め、「24時間のスーパーができたから付加価値が上がりそうだ」などといった楽しみ方もできるだろう。そんな**〝まちの将来性を買う〟**といった側面もあることから、不動産投資はとても夢のある資産運用だと私は考えている。

ローンはいくらぐらい組める？　誰でも組める？

前項では、銀行側の視点で「貸すか・貸さないか」という判断の話をしたが、投資をする側としては、「自分も融資を受けられるのか」、「いくらくらい借りられるのか」といった点が気になることだろう。

もちろん誰でも不動産投資ローンを組むことができる訳ではない。ローンの審査が通るかどうかは、どういった仕事をしているかという職業の属性が大きく影響し、例えば公務員や会社員は安定収入があるとみなされるのでローンは組みやすい。

また、職業に加えて2つの条件がある。年収と勤続年数だ。それぞれどの程度ならローンを組めるのかは金融機関と不動産会社によって異なるが、当社の場合、不動産投資を案内する年収のラインはおおむね400万円以上。そして、勤続年数は3年以上。この2つをクリアすれば、大抵の場合はOKとなっている。

以前は、大手企業に勤めている人しか受け付けないという銀行も多かったのだが、今では企業規模を問われることは随分少なくなった。ただし、民間企業であれば、会社が設立から何年なのか、経営状況はどうかといったことは調べられる。とはいえその基準も決して厳しいものではなく、経営状況は赤字でなければ基本的に問題なし。設立からあまり年数が経っていないベンチャー企業に勤務している人でも、ローンを組めることが多い。

一方で、こうした条件をクリアしたとしても、消費者金融などに借金をしている人はNGとされる。第1章で、投資のための融資は「良い借金」だと述べたが、これに対して消費者金融などからお金を借りるというのは、事情はどうあれ「良くない借金」とみなされるからだ。また、同じローンでも、車のローンや学資ローンなど、目的がはっきりしている借り入れは大抵〝問題なし〟とされる。端的に言うと、一般的な会社員・公務員として3年以上働き、不要な借金を抱えていなければ不動産投資ローンを組める可能性は十分にあるということだ。

逆に、自営業やフリーランスの人たちは、残念ながら不動産投資ローンを組むことが非常に困難になる。これらの職業は安定した収入が担保されていないので、金融機関もそうした判断をせざるを得ないのだ。同時に、会社経営者も企業規模が小さくなるのに比例してローンを組める可能性も減ってしまう傾向にある。もちろん自宅を購入する実需の住宅ローンであれば条件は変わってくる。これまで伝えてきたのは、あくまでも不動産投資ローンを組む場合の話だ。

次に、「いくら借りられるのか」という話だが、**ローンを組める金額は、主に年収と他の借り入れの返済比率**で決まる。そして、その額によって買える物件も変わってくる。「返済比率」とは、年収に占めるローンの年間返済額の割合を意味する。一般的には自動車のローン、子どもの学資ローン、すでに自宅を購入されている人は住宅ローンなどが対象となる。言うまでもなく、返済比率は低い方がゆとりある返済が可能だ。インターネットなどで調べて算出することもできるのだが、それらはあくまでも概算なので、一度専門家にきちんと相談した方が安心だし、より正確だろう。

そして、きちんと出した結果をもとにローンを組める金額が決まれば、自動的にどのレベルの物件を購入できるかが決まる。当社顧客の例を挙げてみよう。年収が約700万円の会社員で、マイホームを持っているので実需の住宅ローンが5000万円あり、それに加えて投資用マンションが2戸で約4000万円、太陽光発電投資も行っているのでそちらが約3000万円。総額で約1億2000万円のローンを組んでいる。不動産そのものに価値があるため担保として認められ、このくらいの借り入れが可能になる、ということだ。

この例を見て、「億単位のローンなんて、一般的な会社員や公務員にできるレベルではない」と感じる向きもあるかもしれないが、この人を目標にしましょうと言っている訳ではないのでご安心を。ただ、こうしたケースは特に珍しいものではない。

この人の場合だと、不動産投資ローンは家賃収入から返済し、太陽光発電投資のローンは売電による収入から自動的に返済が行われている。投資の収入と返済がグルグルと自動的に回っているので、毎月の給与収入から支払うものはほとんどない、という状態だ。本人が「ローンを返済している」と実感しているのは、おそらく実需の住宅ローンだけだろう。

ちなみに、この人が投資用マンションを2戸持っているのは、不動産投資ローンが4000万円まで組めるということになり、投資先を探していたその時にたまたま出ていた物件が1800万円クラスのものばかりだったので、便宜上2戸購入した、ということだ。

いずれにしても、こうしたもろもろの金額や適正な投資方法はプロに聞くのが一番。自分にどの程度の不動産投資ローンが組めそうなのか、一度専門家に相談してみるといい。

不動産投資のリスクとは？

ここまで、不動産投資の特徴やメリットについて語ってきた。もしここで本書を閉じ、読み進めるのをやめた人がいたなら、その人

●年収700万で借入可能金額は、
なんと1億2,000万円！ 年収1,000万円では!?

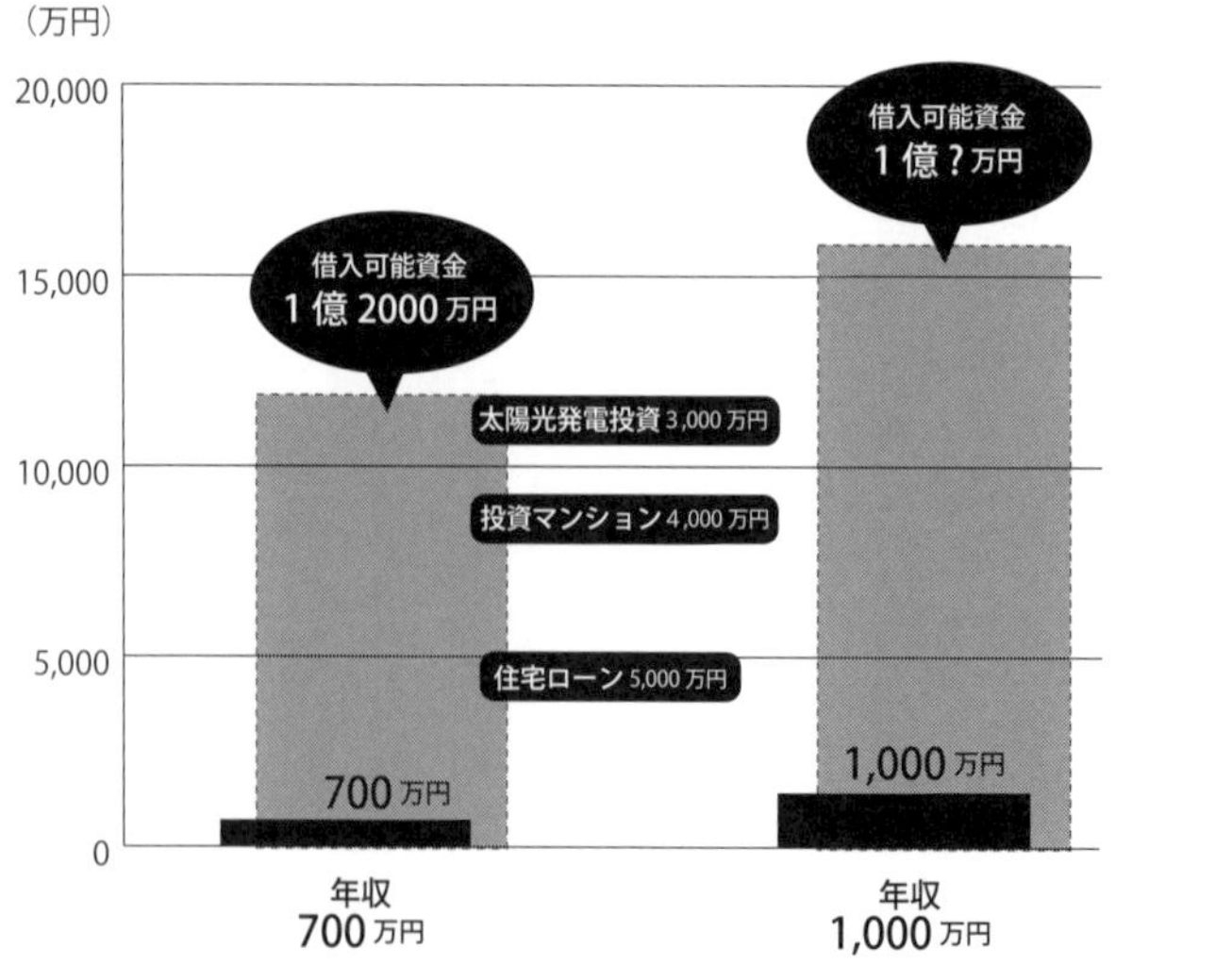

にとって不動産投資はメリットだらけの完全無欠な投資手段になってしまうかもしれない。もちろんそれは誤りだ。不動産投資にもいくつかのリスクはあり、それを知っておく必要がある。

この項では情報の公平性を期すために、そうしたリスクを並べてみたい。そして、それらのリスクを回避する方法についても合わせて伝えていこうと思う。

まず、不動産投資を始めようとする人たちの多くが、最初に感じる不安がある。次のようなものだ。

「自分が持っている部屋への入居希望者がいなかった場合、空室の期間は赤字になるのですか?」

おっしゃる通り、誰も住んでいない部屋から家賃は入らないが、それでもローンの返済は毎月必要なので、対策をしなければ当然赤字になる。ではどうするか?

回答を提示する前に一旦整理すると、不動産投資におけるリスクは大きく2つある。

「空室リスク」と「維持管理リスク」だ。

不動産投資は安定型の投資なので、リスクは少ない方だといえる。ただし、前にも伝えた通り、どの地域でも、どんな物件でもリスクはゼロではない。そうしたものの中で、「空室リスク」は文字通り〝入居者が入らないことで家賃収入が見込めない期間が出てしまう〟ことを意味する。仮に家賃が月10万円のマンションを持っているとして、入居者が1年間途絶えてしまったら120万円の手出しが生じてしまう、ということだ。雑な表現をすれば数ヵ月はタダ働きということになる。家賃収入で不動産投資ローンを返済している人がほとんどなので、この空室リスクは絶対に避けたいところだ。

また、「維持管理リスク」は、空調や給湯器などの設備が壊れた時に交換費用がかかったり、退去者が出たときにクロスなどを張り替える必要が生じたりすることによって、費用がかさんでしまうことを指す。こうしたケースでは一時的にまとまった金額が出ていくことになり、オーナーの負担はどうしても大きくなってしまうため、リスクと言わざるを得ない。

ただし、こうしたリスクには対処法があるので心配しなくても大丈夫だ。「空室リスク」と「維持管理リスク」は借家業のスタイルで不動産投資をする場合に避けられないものだから、これを解消するための仕組みもあらかじめ用意されている。まず空室リスクについては**「サブリース」**というものがある。

サブリースとは、**所有している不動産物件をサブリース会社に預け、サブリース会社から入居者に貸すスタイル**のことを指す。つまりは「転貸《てんたい》」だ。オーナーは変わらないが、入居者から見れば大家はサブリース会社になる。

このサブリースには、家賃保証がない**「実績賃料連動型」**と、家賃が保証される**「賃料固定型」**がある。実績賃料連動型の場合は、サブリース会社が回収した家賃によってオーナーの収入も変わる。従って空室リスクは解消されない。これに対し、賃料固定型はサブリース会社からオーナーに支払う金額をある程度保証しているため、空室になっても収入がゼロになることはない。もちろん入居者がいる時よりは若干金額が減るのだが、「もし1年間入居者がいなかったら大きな赤字が出る」といった心配は不要になり、空室リスクは解消できる。

ちなみに、当社でもサブリースを取り扱っており、賃料固定型を採用している。どちらの方式をとっているかはサブリース会社によって違うので、契約時にしっかり確認することが必要だ。

次に維持管理リスクに関してだが、インターネット上でしばしば目にする不動産投資に関するネガティブな情報は、この維持管理リスクに関連したものが多い。一例を挙げると、悪質な管理業者が修繕の際にクロス代を高く見積もったり、本来なら修繕しなくてもいい場所まで修繕したりして、オーナーに多額の請求をするといったもので、こうしたことは残念ながら一部で実際に起きている。

この維持管理リスクにはどのように対応したらいいか。有効な策としては、敷金と礼金を管理会社に渡し、全ての維持管理業務を委託する、というものがあげられる。こちらも当社で採用している方法だ。

当社では、入居者が入れ替わる際にいただく敷金と礼金をオーナーから預かり、物件の維持管理業務を全て代行している。修繕やメンテナンスだけでなく、入居者からのクレームが発生した場合には当社スタッフが丁寧に対応し、オーナーの手を煩わせることはない。もちろん、修繕の場合は破損の程度などによって、修繕費用や設備交換費用の方が預かった敷金・礼金よりも高くなってしまうことがあるのだが、そのようなケースでもオーナーから追加料金をいただくことはない。

なぜこうした仕組みが可能なのかというと、サブリースを行っている会社はその1室だけを管理している訳ではないからで、それは当社も同様だ。もし1室だけしか管理していないとすると、1ヵ月入居がないだけでも大きな損害になってしまうし、修繕やメンテナンスも同様で、会社としてのメリットはない。しかし、仮に100室を管理していたとしたら、その中の1室が数ヵ月空室になってしまったとしても、残りの99室が埋まって家賃収入があれば、運営に影響するようなダメージにはならないのだ。

これは、保険の仕組みと似ている。契約者が亡くなった際の死亡保障で支払う金額は大きいのだが、生きて保険の掛金を払い続けている人の方が、亡くなる人よりも圧倒的に多いからダメージにはならない。文字通りの〝万が一〟で保険も成り立っているといえる。

さらに言えば、当社がカバーしているエリアは福岡市だが、この街は**全国でもトップクラスの人口増加率**を誇っている。しかも瞬間的なものではなく、継続的・安定的に人口が増え続けているので、不動産の需要もキープできている。実際、ほとんどの物件で9割以上の入居率となっており、家賃を上げてもすぐに入居者が決まるような状況だ。全国的に見れば、かなり空室リスクの低い地域だといえる。だからこそ、不動産投資にも向いているのだ。

そもそも、入居者が途切れがちなエリアの物件は、基本的に銀行からの融資を受ける際に審査が通らない。つまり、融資が受けられたという時点でそれなりに入居の見込みがある物件だといえる訳だ。

サブリースの話に戻るが、いくら便利な制度だといっても、当然オーナーの負担がゼロという訳ではなく、この制度を利用するための契約料が発生する。また、不動産には固定資産税がかかるので、そうした経費をひっくるめて考えると、家賃収入があったとしても月に数千円程度の手出しが必要になる。ただし、節税効果もあるので全てを相殺した結果がどのようになるのかは個々のケースで異なるのだが、サブリースに関しては一定の費用を支払うだけで、物件に関しては一切心配がなくなり、35年後にはマンションが1室手に入る。これは大きなメリットだと言えるだろう。

このように、投資ではどんな方法を採るにしても何らかのリスクが発生するのだが、大切なのはそのリスクをコントロールできるかどうかということ。その点、不動産投資に関しては様々な方法でリスクヘッジできるので、そうした面でも安心度の高い投資だといえる。

とはいえ、サブリースで全てのリスクがカバーできる訳ではない。代表的なものが「地震」だろう。日本は災害大国である。近年でも大きな地震は起きているし、南海トラフ巨大地震がいつやってくるかもわからない。大きな地震が襲ってくれば、建物は倒壊する可能性もある。このリスクは日本中どこにいても回避できない。ただ、地震による損失のリスクには、保険で対応することができる。

まず、マンションには管理組合があって、その管理組合がマンション全体の保険に加入しており、倒壊にも対応している。従って、もし自分の資産であるマンションが倒壊してしまった場合でも、保険から原状復旧のための費用が出るので心配ない。

また、オーナーと入居者も、それぞれ部屋単位で火災保険や地震保険に入ることになる。これによって入居者の家財に対する補償なども保険から出るため、損失リスクは回避することができる、という仕組みだ。

そしてさらに、あまり考えたくないリスクもある。自分の持っている部屋が、いわゆる〝事故物件〟になってしまったというケースだ。これも地震と同様、事前に予測はできないし、オーナーがコントロールできるものでもない。保険による対応も難しいだろう。しかし、この問題もサブリースにしておけば安心だ。そもそも、空室になったとしても月々の収入の心配をしなくていいのがサブリースなのだから。

このように不動産投資には、様々な制度を組み合わせてセーフティネットとし、オーナーの損失をくいとめる仕組みが備わっている。必須のものもあれば任意のものもあるので、不動産会社やサブリース会社と相談しながら、自分の物件ではどのような対応をとるべきかをじっくり考えてみるといいだろう。

まだまだある、不動産投資の隠れたメリット（団信、節税など）

では、リスクについてある程度整理できたところで、現実的な内容に踏み込んでみようと思う。不動産投資で見込めるリターンの話だ。

投資というからには、リターンが気になるのは当然だ。しかし、私たちがお勧めしている「投資用に区分マンションを買って貸し出しましょう」という不動産投資は、**大き**

なリターンを狙うものではない。これは第1章の冒頭で述べた通りだ。

とはいえ、もちろん投資であるからにはリターンもメリットもある。ただそのメリットもさまざまで、一概に「このくらいの収入が得られる」は言えない。どのような不動産投資をするかによってリターンは変わってくるからだ。また、家賃収入以外のメリットもたくさんあるので、それらをリターンの一部と考えることもできる。仮に家賃収入からローンを引き、残額と経費を相殺したらプラスにならなかったとしても、得られるものがあるのだ。以下、詳しく説明していこう。

メリット1．節税ができる

会社員でも公務員でも、自分の資産を持って第三者に貸すことで、税法上の「自営業者扱い」になる。そうすると、減価償却ができるようになる。ここでいう減価償却とは、不動産を取得した際の費用（購入金額）を一定年数に分け、毎年の経費として計上すること。そしてそのために用いる計算方法のことだ。

アパートやマンションなどの経営で得た家賃収入は、不動産所得として確定申告しなければならないし、購入金額も経費として計上することができる。

所得税は、給与や自分で商売をして稼いだお金などにかかる税金だが、ここでは、1年分の収入から必要経費などの額を差し引いた残りの金額が「所得」とされ、この所得をもとに、所得税の額が計算される。このため、減価償却によって不動産取得の額を経費とすることで所得が下がれば、おのずと所得税も低くなる。また、住民税も課税所得から決まるので、こちらも下がることになる。

大まかな例をあげると、福岡市に住んでいて年収が450万円で所得が給与だけであれば、通常は所得税と住民税を合わせて30万円ほど納税している計算になる。しかし、不動産の購入額を減価償却して確定申告することで、その税額は10万円以下に抑えられるケースが大半だ。結果として年間20万円ほどのお金が節税できることになる。もし年収が600万円くらいの人が投資用マンションを2戸持てば、減価償却の対象が増えるので、年間30万円程度の節税が見込める。

この所得税の還付は一括で戻り、住民税は給与から引かれる額が下がることになるので、手取り額が増えるかたちになる。もちろん、節税が見込める額は年収や購入するマンションの金額などによって変わってくるので、投資のプランを立てる際にプロと相談しながら算出してみることをおすすめしたい。

メリット2.「団体信用生命保険」に加入するので、保険料を下げられる

団体信用生命保険（以下、団信）とは、住宅ローンの返済中に契約者に万が一のことがあったときに、住宅ローン残高がゼロになる保険。マイホームを購入済の人であればそのローンの団信に加入しているはずなので、すでに知っていることかと思う。

団信は一般的に、住宅ローン契約者が死亡などにより支払いをできなくなった場合、生命保険会社が住宅ローン残高に相当する保険金を銀行に支払い、債務の返済に充てるという仕組みになっている。金融機関の目線では、長期のローンの中でもしものことがあった時のために、住宅購入資金として融資をした額がきちんと回収できるようにするための保険だということだ。

銀行や団信の種類にもよるが、死亡時にローンがゼロになるだけでなく、金利を0.1％程度プラスするだけでがん特約がつけられたり、八大疾病までが保障されたりと、サービスがさらに手厚くなるものもある。あるいは、がんと診断されただけでローンがゼロになるとか、配偶者ががんになったらお見舞い金が出たりするものも提供されている。

この団信は、ローンに組み込まれているので月々の別途掛金は不要。これによって、今までがん保険に入っていた人には、それを解約するという選択肢も生まれることになる。保険が減ると、それまで毎月支払っていた保険の掛金分が浮き、手元に残るお金は増えることになる、という訳だ。

メリット3．売買差益を狙える

当社がお勧めしているのは、主に福岡市内の物件。この福岡市はここ20年で目覚ましい発展を遂げている。現在は天神ビッグバンが進み、他エリアでも再開発などが行われ、人口もさらに増加中。大学が多いから若者が集まり、企業が多いから働く人たちも集まる。そのため、物件の価値が下がっていないのが地域の特徴となっているのだ。築年数が経過しているのに家賃は上がっているという物件も少なくない。そしてさらに、この先20年が経過した後にも、福岡市内の不動産価値が下がっている可能性は極めて低いといっていいだろう。

こうした背景があるため、返済を続けて年々残債が減っていく中で、あるタイミングで買い取り価格が残債を上回る「クロスポイント」が訪れる。そして、そこからはどんどん含み益が積み上がっていく。これが第1章で説明したキャピタルゲイン（売買差益）だ。このキャピタルゲインを得られる可能性が、福岡市は高いということがいえる。

福岡市はこの先の人口推計が明るい。従って10年、20年経っても十分な売買差益を得られる地域だと私たちは考えているし、他エリアに在住の人からもそうした評価を得られている。実際、当社の顧客の中には、6500万円で購入したマンションが、後に7500万円になったという人もいる。そうした**プレミアムを生んでくれるのが福岡市**という街なのだ。そして今も、新陳代謝を繰り返しながら、新しい価値を生み出し続けている。夢がある話だと感じられないだろうか。

こうした背景も含めて、最初は賃貸物件として貸し出しながら、タイミングを見て売却してもいい。場合によっては大きなキャピタルゲインが得られる。これは不動産投資の大きなメリットだといえるだろう。

メリット4．家賃収入を得られる

キャピタルゲインとは別に、長期的な運用による家賃収入＝インカムゲインも得られる。ただし、これは購入してすぐの話ではない、という点にご注意いただきたい。

そもそも、最初から家賃収入でプラスが出ると、その額に合わせて税金も高くなるので、「収益が出ていると思ったのに全部を相殺したら訳が分からなくなった」ということになりがちだ。そうならないよう、私たちがお勧めしているのはローンの返済と必要経費が家賃収入とほぼイコールになるような運用方法。これなら大きなプラスは出ないのだが、家賃収入でローンと必要経費を払いつつ、節税のメリットが得られ、トータルで手元に残るお金を増やすことができる。

当然ながら、ローンの返済が終われば物件は完全にオーナーのものになり、そのまま他人に貸し続けるなら、もう返済は必要ないので家賃から経費を引いた額が収入になる。賃貸用の区分マンション1部屋であれば月々6万円程度、2部屋持っていれば12万円程度の家賃収入が見込めるのだ。30~35年後に収入の〝蛇口〟がもう一つ増えると思うと、楽しみになってこないだろうか。しかもこれは年金と同様、何もしなくても自動的に入ってくるお金なのだ。だからこそ、老後の備えにぴったりだと、私たちはお勧めしている。

ここで改めて強調しておきたいが、最初に伝えた通り、当社が提案する不動産投資のメリットは、ドーンと稼いでお金持ちになろうというようなものではない。将来に向けて、地道に収入の地盤固めを進めるためのものだ。しかし、こうした堅実な資産形成こそが心の余裕を作ってくれるはず。このように考えると、不動産投資は決して難しいものでも、危険なものでもない、と理解していただけるのではないだろうか。

以上の通り、資産運用の手段の中でも、安定的かつ低リスクで、実利が見込め、しかも夢があるのが不動産投資。まだこうした事実が広く認知されているとは言い難いが、実際にアクションを起こす人も多くなってきており、以前と比べて随分人々の意識が変わってきたのも事実だ。もちろん私たちもセミナーなどを通して周知活動をしているし、学校教育の場でも資産運用の教育が定着すればさらに状況は変わってくるだろう。

そうした人の変化に対して、物件数は限られており、現在でも価値が認められる物件は早期に売れてしまう傾向がある。自分のライフプランを見直しながら、早いタイミングでアクションを起こすことをおすすめしたい。

コラム❶

投資用マンションと居住用マンションは同時に持てるのか?

この質問に対する回答はYESだ。むしろ、積極的にそうしてほしいと思っている。理由は、ライフプランを実践していく上で、この2つの購入はできるだけ若い時期に実行しておくべきだからだ。

この質問は、お客様にアドバイスする中でもよく耳にするものだが、おそらく2つの不安からきているのだと私は考えている。1つ目は、高額なローンを同時に2つも組んでしまって大丈夫なのだろうか、というもの。もう1つは、そもそも銀行で審査が通るのか、というものだ。

まず1つ目の不安。確かに住宅ローンは数千万と高額なので、それを2つ抱えてしまうことには躊躇するだろう。しかし、本書を通して解説している通り、投資用の住宅ローンは、「返済している」という自覚をほとんど伴わない。家賃収入が自動的に返済に充てられるからだ。つまり、居住用のマンション（もしくは戸建ての家）だけを持つ場合と、居住用＋投資用マンションを持つ場合とでは、感覚的には変わらないのである。結果として、住むための家が今必要かどうかということがカギになるので、もし相談者が独身であれば、投資用のマンションから先に購入した方がいいかもしれない。住む方の家はパートナーの好みや通勤の都合などに大きく左右されるからだ。もし既婚者ですぐにでも住む家が欲しい場合はそちらを優先しても構わないし、同時並行で購入を進めるという方法もあるだろう。居住用の実需ローンと不動産投資ローンは、どちらが先でも問題ないので、自身のライフプランに合わせて順序を決めるといい。

そしてもう1つの不安についても、懸念する必要はない。銀行は返済比率を重視するが、不動産投資ローンの返済が家賃収入で賄えるのなら、実需ローンと並行しても問題はないし、前に来ても後に来ても構わない。むしろ、両方とも同じ銀行を利用すれば「良いお客様」と見てくれる可能性もある。

以上のような理由で、片方のローンを組んでしまったので、もう片方を利用することができなくなるということはない。同時に組んでいただいてＯＫである。ローン審査への影響や購入のタイミングなど、何か特別な条件があれば話が変わってくる可能性があるので、そうした際には専門家への相談と綿密なプランニングが必要になるだろう。もちろんこうした条件が何もないのであれば、不動産投資ローンはキャッシュポイントを多く持っている時、すなわち若いうちに始めるのが間違いない。

［第2部］

未来に
福を呼び込む
「大福メソッド」

第3章

大福メソッドとは

さて、ここまでは資産運用と不動産投資の基礎知識について語ってきた。いうなればこれらは一般論であり、投資の初心者でも勉強さえすれば手に入れられる知識だ。ここからは、いよいよ本書の核心である、当社独自の**「大福メソッド」**について伝えていこうと思う。

本書の冒頭で私は、「公助・共助・自助」について語った。また、閉塞感に満ちた現在の社会を生きる人たちに対し、将来の人生を好転させる〝解決策〟を私が持っているとも書いた。その解決策とは、ひとことで言うと**「将来に向けた経済的な自立」**だ。このゴールに向かってアクションを起こす人を全力でサポートしたい、というのが本書の目的であり、自立を可能にするのが大福メソッドだ。

当社のお客様に対して、私が常日頃伝えている大福メソッドだが、これは私たちが福岡で不動産を扱いながら蓄積した情報や、その中で培ってきた知見から生み出した手法で、会社の財産とも言えるものだ。「そんな重要なノウハウを書籍で公開してしまって大丈夫か」と思われる方もいるかもしれないが、私はここで全てオープンにする。そして、仮にこの手法をコピーしようとする不動産業者が出てきても全く問題ない。むしろ真似してもらいたい。なぜなら、表面的な手順を真似することはできても、企業のフィロソフィー（哲学）まではコピーできないからだ。ちなみに、大福不動産は以下のようなフィロソフィーを掲げている。

誠実であること。

経済活動を含めた全ての行動の基盤に「愛」を置くこと。

大福不動産は、感動を創造する企業です。

このフィロソフィーをもとに、当社ではお客様を「物心両面で豊かにする」というマインドで事業を行っている。ここに掲げた「誠実」や「愛」という言葉には、お客様の人生に伴走し、将来に責任を持つという意味が込められていると受け取っていただきたい。そして、こうした考え方の上に成立するのが大福メソッドだ。これにより、お客様の物心両面の豊かさ――つまりプロフィット(実利)とベネフィット(ポジティブな変化)をもたらし、幸福な未来を手に入れてもらいたいという思いがある。こうしたマインドがあってこそ初めて機能する手法が大福メソッドであり、企業理念の実現手段と言ってもいい。このメソッドが成立するまでには様々な紆余曲折があり、数えきれないほどの失敗も経験してきたのだが、ここでは割愛して、そろそろ本題に入ろうと思う。まずは大福メソッドの全体像から説明していこう。

大福メソッドの基本的な流れ
～経済的な自立をするためのステップ～

大福メソッドの全体像は、投資をできるだけ若いうちに始めて、ローンの期間中は大きな見返りを求めず安定的に運用し、将来はその資産をもとに豊かな暮らしをしていく

——そんなストーリーになっている。1章の冒頭で述べた通り、一攫千金を追い求めるものではない。あくまでも、まじめに働いている人が老後もお金に不自由することなく、幸福に暮らしていけるようなライフプランを描くものだ。そして、このメソッドを構成するパーツは福岡市内の中古マンションと、太陽光発電の2つ。これらを組み合わせ、以下のように5つのフェーズで進めていく。

フェーズ1：投資用の不動産物件を購入する
フェーズ2：投資用の太陽光発電（施設・土地）を購入する
フェーズ3：運用
フェーズ4：太陽光発電のローン完済
フェーズ5：不動産のローン完済

この前段階として、お客様が不動産投資を始めるという決断をし、当社とのプランニングを進めるという**〝フェーズ0〟**がある。また、オプション的な位置付けになるが、不動産投資で築き上げた資産を活用し、さらに進化した資産運用へと進む**〝フェーズ6〟**

もある。それらについても以下の説明の中で触れていきたいと思う。

ここで、話を分かりやすくするために、当社の顧客の中でも比較的一般的なモデルケースを上げ、このプランを例として使いながら説明していこう。登場するのは会社員のB氏だ。

B氏は28歳、福岡市内の企業に勤めている。既婚者で、年収はボーナスも含めて500万円ほど。いずれは福岡でマイホームを建てて、あたたかい家庭を築いていきたいと考えている。仕事には満足しているので現時点で転職の考えはない。ただし、将来に対してはやはり漠然とした不安を抱いている。そんなB氏が不動産投資に興味を持ち、当社を訪れる。ここからが大福メソッドのはじまりだ。

フェーズ０：大福メソッドをライフプランに組み込む

最初のステップとして、当社ではまず、投資全体のこと、そして不動産投資のことをB氏へ説明し、理解していただく。内容は第1章、第2章で伝えた通りだ。不動産投資が唯一の答えではないという点もふまえ、メリットやリスクを伝え、他のお客様の事例や私自身の経験も話した上で、お客様の職業や収入、ライフプランなどを聞き、そこに大福メソッドを組み込んだ場合のシミュレーションを提示する。ここで大切なのは、前にも述べたとおり、あくまでも**客観的な数字を出す**ことだ。なぜなら、お客様の人生に大きく影響するような長期の投資を勧める場面において、決して楽観的・悲観的なバイアスがかかってはいけないから。不動産業者の中には、極めて楽観的な数字を盛りに盛って伝え、顧客の冷静な判断力を奪ってしまうという悪質な方法をとる会社も一部ある。もちろんこうした会社は、たいてい売ってしまった後には縁が切られ、顧客のフォローなどしてくれないから要注意だ。

また、こうしたシミュレーションはお客様と我々とで一緒に進めて行く。不動産業者がお客様のライフプランを勝手に作り変え「このような物件に投資しましょう」と結論してしまうというのは、非常に無責任だからだ。同時に、お客様にも今後のプランにコミットしていただき、これから我々との**二人三脚を進めて行く**という自覚を持っていただくことにしている。

こうしたセッションを経て、B氏が「不動産投資を始めよう」と決断する。最もエネルギーを要するのはこの時かもしれない。知らない世界に飛び込んでいく瞬間だから当然なのだが、一度決断したら、ここから先は〝自動運転〟に切り替わる。面倒な作業は当社が代行していくので、お客様は必要書類を用意したり、状況報告を聞いたりするだけで、特に大きな労力を払う必要はない。あたかも、巨大な車輪を動かす時のようなものだ。「決断」という最初の一押しがあれば、不動産投資という車輪は自分でグルグルと回って進み続けていく。

フェーズ1：投資用の不動産物件を購入する

投資をすることが決まったら、当社ではお客様の要望も聞きながら、福岡市内の中古マンションを探す。ここで強調しておきたいのだが、当社がメインで扱っているのは**中古の区分マンション**だ。理由は非常にシンプルで、新築の区分マンションは高所得層には向いているが、ミドルクラスには不向きだから。同じ理由で1棟買いもミドルクラスには向いていない。これについての詳細は後に説明したいと思う。

良い物件が見つかったら、お客様とのマッチングを行い、OKが出たら次は銀行の融資を受けるステップへ移る。当然審査を受けることになるが、本人の収入などについてはあまり不安に思わなくても大丈夫。なぜなら、銀行が出した評価額が物件の販売価格になるからで、物件の購入価格と融資額が乖離して購入時に手出しが生じるということは起こりえないからだ。そして審査が通ったら、当社との契約へと移行する。保険にも入り、第2章で説明した「サブリース」の契約も締結して、事務処理が終われば、B氏は晴れてマンション1区分のオーナーとなる。

ちなみに、当社のお客様には2つ以上の物件を運用している方が多い。もちろん1つの物件だけを所有する方もいる。いくつ持った方がいいのかという点については、それぞれにメリットがあるため、お客様の年収やライフプランなどに合わせて決めていくことになる。B氏の場合は、同時に2物件のオーナーになっていただいたとしよう。そして次のステップ「太陽光発電」へと進んでいく。

フェーズ2：投資用の太陽光発電（施設・土地）を購入する

読者の中には、「なぜ不動産業者が太陽光発電を？」と疑問に感じる人がいるかもしれないが、当社では、太陽光発電投資は不動産投資の一部だと考えている。なぜなら、太陽光発電は土地とセットで購入し、運用するものだからだ。詳しいことは第4章で解説するが、いずれにしても当社が持つ知見が活かせる分野であり、不動産業者のノウハウなしには太陽光発電投資は成り立たないといっていい。

では、なぜ太陽光発電投資を勧めるのかというと、理由はいくつかあるが、最も大きいのが前述と同様**アセットアロケーション**のためだ。将来に向けて十分な蓄えを得るためには、不動産投資という領域での分散だけでなく、他のカテゴリーもプラスして、広く分散させておくのに越したことはない。これは投資の基本だ。

また、不動産投資と同様、**太陽光発電は投資の中でも〝手堅い〟ものである**ということも重要だ。太陽光発電による収入は売電だが、これは国の制度（ＦＩＴ）によって一定期間（現在は20年間）の買取金額が保障されており、その期間は安定収入を得ることができるので、その収入を銀行からの融資の返済に充てられる。つまりは不動産投資と同じで、元手不要・運用中の支払い不要の投資が可能なのだ。他にも、銀行からの融資が受けやすいといった様々なメリットがあるのだが、太陽光発電投資の詳しい説明については次章で紹介していくので、ここでは20年間の投資用ローンを組んで太陽光発電を購入し、新たな投資を開始する、というイメージだけ持っておいていただきたい。もちろん、購入する太陽光発電は、土地も施設も当社が手配する。

フェーズ3：運用

さて、2区分のマンションと、太陽光発電1区分のオーナーとなったB氏。マンションには店子が入居し、太陽光の売電も始まっている。自分が投資のために所有している物件の運用フェーズに入ったわけだ。

マンションの購入価格は共に1300万円程度で、合計の2600万円に保険などを加え、銀行から受けた融資は総額2700万円。定年までを返済期間と考え、ローンの期間は35年だ。また、太陽光発電は1区画を3000万円で購入したので融資も3000万円。合計で5700万円のローンを組んでいることになるが、B氏自身にはローンを返済しているという感覚はない。マンションは家賃収入がそのままローンの返済に充当され、さらに手数料や管理費を差し引き、これらでほぼ相殺される。太陽光発電も日々の売電額が返済に充てられるし、余剰分が出たら貯蓄にまわす。これらの返済期間はマンションが35年、太陽光発電が20年だが、その期間中は物件の運用・管理も当社が代行していくので、B氏が**意識的にアクションを起こす必要はない**。文字通りの自動運転だ。

また、確定申告をすることで減価償却による税の還付があり、住民税も安くなるのでそうした面で実収入は増える。決して贅沢ができる額ではないが、給与収入のみだった頃に比べて暮らしに潤いは生んでくれるはずだ。もし、さらに手堅く資産形成をしたいのであれば、増えた収入分も貯蓄にまわすといい。そうやって、特に意識することなく投資物件の運用は進んでいき、やがて投資ローンの返済が終わる。そこでB氏はあらためて自分の投資の成果を目にすることになる。

フェーズ4：太陽光発電のローン完済

まずは、不動産ローンよりも期間が短い太陽光発電の投資用ローンが20年で完済となる。B氏はこの時50歳前後。すでにマイホームも構え、仕事ではベテランクラスのポジションとなっている頃だろう。より具体的な将来像は第5章で示すが、B氏のもとには特に大きな手出しをした訳でもないのに、太陽光発電の1区画が自分の財産として手に入る。そこから先の売電は、わずかな経費を除き**ほぼすべてが自分の収入**だ。それ以外に、20年間の売電によって得られた利益もある。3000万円で購入した区画だと、**おおむね800万円〜1000万円**程度だ（電力会社の出力抑制などにもよる）。途中で手を付けていなければ、この金額が貯蓄として残されている。何もせずに、というと誇張しているように聞こえるかもしれないが、実際それに近い状態で50歳の時点までにこれらの財産が育っているのである。そして十数年後にはマンションのローンが完済となる。

フェーズ5：不動産のローン完済

B氏は28歳の時点でマンション2区分の35年ローンを組んだので、完済時は63歳。定年間近のタイミングである。退職金は、入るかもしれないし、入らないかもしれない。それは現時点では誰にも分からない。もしかしたら、定年が延長されている可能性もある。これだけ世の中の変化が激しいと、35年先の未来など誰にも見通せない。

しかし、2区分のマンションは確実にB氏の財産になる。ここで、「中古で入手したマンションで、しかも35年経ったら資産価値が……」と考える人もいることだろう。これについても後に詳しく説明するが、資産価値が大きく落ちてしまうことは現時点では考えられない。問題となるのは「需要」であり、そこに住みたいと希望する人がいる限りある程度の価値は持続する。もちろんそれも100％ではないが、**福岡市内の物件に限って言えば、一定の資産価値は持続する**だろうと考えていいだろう。

ともあれ、B氏はマンション2区分と、3000万円分の太陽光発電を自分の財産とした。ここまで自己資産を削ることなく、自分の手を煩わせることなく、かつ福岡に住みたいという人に住環境を提供するという事業や、クリーンエネルギーを提供する事業を行いながらである。そして、B氏が希望するのであれば、手にした財産を元手に、**新しい資産運用をスタートさせる〝フェーズ6〟**も提案できる。

このフェーズ6に入るタイミングは人によって異なるが、太陽光発電投資のローンが完済になった時、不動産を売却などして資産を確定させた時、あるいは不動産投資ローンが完済になった時や定年退職時が適切だろう。仮に太陽光発電投資のローンが完済になったタイミングだとすると、B氏のケースでは50歳前後なのでまだ在職期間が10年以上残っている。そうした中で、すでに蓄えている資金を元手にアパート1棟経営や駐車場経営などにシフトしていく。決断と行動が早ければ、55歳くらいでアパートのオーナーになることができ、在職中であるのにも関わらずまとまった家賃収入が得られるようになる。つまり、さらに高い安心感を得られるということだ。この1棟オーナーになることを目標に大福メソッドを進めているお客様も多い。

もちろん選択肢はアパート1棟買いだけでなく、他の投資手段を選ぶこともできる。

大切なのは、リタイヤ後の人生を迎える前に、そこから先の生活を支えてくれるアイテムをいかに確保するのか、そのための準備をどう進めるかということだ。そしてそのタイミングが来たら、当社はお客様と共にフェーズ0に戻り、その時点でどのくらいの資金を手にしているのかという点や、本人が何を望むかということなどを聞きながら、その要望に合わせた提案をする。当社からも幅広い選択肢を提案することができるが、いずれにしてもB氏は28歳の時の決断によって、退職後も可能性を広げることができるようになったわけだ。

これが大福メソッドの全体像だ。改めてお伝えするが、当社はお客様を「物心両面で豊かにする」というテーマのもとで事業を行っている。B氏は「物」としてのマンションと太陽光発電、そしてそれらを通して積み上げられた貯蓄を手にすることができ、「心」の面では老後の豊かな暮らしという安心感を手に入れた。当社はこのB氏のように、大福メソッドを実践する人を増やし、超高齢化社会を迎えた日本でも、**自立し、かつ豊かな人生を送っていける人を増やしたい**と考えている。繰り返すが、これは〝儲け話〟ではなく、自分で自分の身を守るための方法論だ。そしてその方法論はいたってシンプルであり、様々な投資手段の中でもかなり低リスクなものに属している。

ただし、シンプルな仕組みではあるが、ここまでの説明の中で読者が「?」と感じた部分があるかもしれない。そんな疑問点をいくつか想定して、それに答えていこうと思う。本章で「後述する」としていた部分のいくつかも、以降で説明する。

なぜ中古の区分マンションをお勧めするのか

中古、新築、1棟買い……最も賢い選択とは

フェーズ1の説明で、大福不動産は中古の区分マンションをメインに取り扱っていると書いた。また、私は「新築の区分マンションや1棟買いはミドルクラスには不向き」だとも伝えた。それに関する詳しい説明が必要だろう。

ここで誤解のないように言っておきたいのだが、私は新築の区分マンションや1棟買いがダメだと考えている訳ではない。中古、新築、1棟買いはそれぞれに良さがある。お勧めする際に**基準になるのは物件ではなく、投資をする人の収入**だ。そのキャパシティ

に見合った方法が、その人にとってのベストな選択となる。
この事実に対し、当社ではなぜ中古の区分マンションをメインに据えているのか。理由は、本章の冒頭部分と「まえがき」に記している通りで、当社が提供しているサービスは、現在の不安定な日本社会でまじめに働いている人たちが、将来も経済的に自立できることをめざし、その結果として幸福な未来を手に入れるためのものだからだ。その対象となるのはいわゆる〝庶民〟と呼ばれる層の人たちであり、そうした人たちのサポートを行う場合、新築マンションは適していないといえる。なぜなら、新築マンションで不動産投資をする場合、購入時の元値が高価なためランニングコストも割高になってしまうからだ。だいたいの目安として中古物件の3倍くらいになる。これは高所得層が減価償却による節税対策として不動産投資を行う際には問題にならないのだが、中間所得層にとっては相応の負担になってしまう。1棟買いに至ってはさらに大きなお金が動くので、言うに及ばずということになる。

ちなみに、ネット上で不動産投資に関する事例や記事を検索していると、「区分よりも1棟買いの方が利益を出せる」といったワードを目にすることがある。これはある意味において間違いではない。1棟買いの場合、所有する区分数が多くなるため、おのずと毎月の家賃収入が支出を上回る。ただし、前述の通り動かす金額も大きくなる。修繕や空室リスクにも区分の数だけ対応していかなくてはならない。年度末の入居者が入れ替わる時期は特に出費がかさむし、設備が老朽化して不具合が出るタイミングも各戸でおおむね同じなので、そうした場面でも支出が多くなる。つまり大きなお金をすぐに動かす必要があるため、**潤沢な資金を持つ人でないと維持し続けるのは難しい**、ということだ。

また、不動産投資の目的によって、着眼点が変わっていくという点にも注意が必要だ。例えば家賃収入を目的にする場合は新築の区分マンションや1棟買いが有利とされがちだが、収入が増えれば税負担も増える。逆に節税を考えたら、「運用自体は収支がトントン」くらいがベストだと考えておいた方がいい。そして将来には支払を全て終えた区分マンションが手に入る。当社では、この低リスクで必要十分なリターンを得る方法をお勧めしているので、中古の区分マンションをメインに取り扱っている、というわけだ。

参考までに、当社でも1棟買いを希望するお客様には対応している。もちろんその人の年齢や仕事、どのくらいの自己資本を持っているかといったことをきちんと把握した上での話だ。それらの基準をクリアしないと、1棟買いができるほどの高額な投資ローンでは銀行の審査が通らない。一般的には、医者などの士師業に属する人たちがこうした投資を行うことが多いが、一般的なサラリーマンの方でも、「まとまった金額を相続した」といった場合にはアパート1棟買いをすることも可能だろう。

さらに、1棟買いの対象となる物件にも色々な種類があることも付け加えておく必要がある。2階建ての木造アパートであれば数千万で購入可能だし、マンションなら当然億単位の資金が必要になる。こうした物件の中で手頃な価格帯のものであれば、大福メソッドの**フェーズ6の段階で手に入れることが可能**だ。中古の区分マンション数戸を上手に運用し、太陽光発電での利益もきちんと積み上げて、融資のローンを全て払い終えた段階で物件を売却する。その売却益を元手にアパート1棟買いにステップアップするという流れだ。これをゴールに設定して、堅実に資産運用を進めている方もいる。場合によってはローンの完済前に売却しキャピタルゲインを得て、早めのステップアップを狙うことも可能だ。いずれにせよ、目標を持って自分の財産を育てることはとても楽しいし、未来に向けてその数字が積み上がっていくのを見るのは嬉しいものだ。不動産投資はこうした面でも**生きたお金の使い方**であり、**夢のある投資**だと私は考えている。
結論として、一般的なサラリーマンや公務員として働く人たちへ、リスクを抑えた不動産投資をお勧めする場合には中古マンションがベストな選択となる。少なくとも当社ではそう考えている。そこで、中古マンションをお勧めするにあたって、次のような疑問にも答えておくべきだろう。

投資用の区分マンションは何戸まで購入できるのか

不動産投資では、複数の物件を同時に運用する方も多いとフェーズ1の部分で説明した。ただし、一般の会社員や公務員が購入できる戸数にも限度がある。ではその戸数はどう決めたらいいのかというと、これは年収次第だ。第2章でも触れたが、投資用のローンを組める金額は、年収と、他の借り入れの返済比率で決まる。そして、その**ローンを組める上限額が、その人が買える不動産の上限金額**になる。

例えば3000万円まで融資を受けられるなら、3000万円の物件を1区分購入してもいいし、1500万円くらいの物件を2戸購入するのもOKだ。融資が4500万円までなら1500万円クラスの物件を3戸揃えるのもいい。ただし、物件との出会いはタイミングである。自分が理想とするものをいつまでも待っていると、キャッシュポイントはどんどん減っていく。この期間は何もアクションを起こしていないのとさほど変わりない。従って、準備が整った段階でどんな物件に出会うか、という点も重要で、1戸か、あるいは複数に分散するかということに直接関わってくる。つまるところ、最も狙いたいのはどのような物件かではなく、どうやって与信枠（融資を受けられる上限額）を使い切るかということにあるので、回答としては「購入する戸数にはあまり頓着しなくてOK」というものになる。むしろ、将来まで高い需要が見込める地域にフォーカスした方がいい。

もちろん、所有する不動産を途中で増やしていくという進め方もある。「年収が上がって余裕ができた」「まとまった遺産を相続した」といった場合に見られるケースだが、銀行からの融資が受けられ、節税効果が高くなるのであれば、当社も物件を追加していくことを勧めている。逆に、追加で不動産を購入しても節税効果が上がらないと見た場合は、当社がそれを指摘して、別の手段をアドバイスすることもある。不動産投資はリスクが低く手間もかからないため、「将来の安心のためにもっと増やそう」と考える方もいるが、そうした気持ちが暴走しないようコントロールするのも当社の役割だ。

また、この「何戸を所有したらいいか」という質問に関連して、お客様が既婚者である場合に、次のような質問を受けることもある。


配偶者がいる場合、夫婦で個別にローンを組み、それぞれがオーナーになることは可能か

これは結論から言えば可能だ。第2章で解説した通り、当社が不動産投資を案内する**年収のラインは400万円以上、勤続年数は3年以上**を目安としている。この2つをクリアすれば基本的にOKなので、パートナーもこの条件に当てはまるのであれば問題ない。相談者本人がすでに投資用のローンを組んでいても、その点はパートナーの審査に影響しないので安心してほしい。

そもそも、今の世の中では共働きの家庭が多く、女性もパートタイムではなくフルタイムの会社員として働いているケースが珍しくない。産休・育休で休職した後も復職して働き続けるという人も増えた。こうした人たちにも平等にチャンスは与えられるべきだし、金融機関にとっても同じお客様である。実際、当社のお客様でも夫婦でそれぞれが投資用の区分マンションを所有しているという事例はけっこう多い。これもある意味でリスク分散だといえるし、メリットも倍になる。1人でできる投資の限界を超えられるという面ではおすすめの手法だ。

なぜ「不動産投資をするなら福岡市」なのか

大福不動産の不動産投資は、福岡市の中古マンションを主な対象としている。〝福岡市〟にこだわっている理由は、**この土地だからこそ不動産投資でメリットが得られる**からだ。福岡市の地域性から大福メソッドが誕生したといってもいいだろう。これは非常に重要なポイントなので、順を追って説明したい。

まず、私はもともと福岡出身ではない。生まれは関西で、福岡市内の高校に進学したため、そこで縁ができた。その後、一旦自分の地元に戻ったのだが、高校時代の楽しかった思い出と、福岡市の持つ魅力が忘れられず、再び戻ってきた。それ以来、ずっと福岡市民である。おそらくこれからもこの土地で暮らしていくだろう。

もちろん私には、他の土地を貶めるつもりは全くない。私も全国で色々なまちを見てきたし、それぞれに個性があり、そこに住む人たちが皆故郷を愛していることを知っている。ふるさと自慢もたくさん聞いてきたし、それらは全て頷けるものばかりだった。しかし、そういった面を差し引いても、やはり福岡市という街は特別なのである。

では、福岡市が持つ〝魅力〟と〝将来性〟とは何なのか。そしてそれは不動産投資にどのようなメリットをもたらすのか、１人の福岡市民としてだけでなく、他県から転入してきた者としての客観的な視点もまじえて分析してみる。

福岡市には全国から人が集まる

まずはデータから提示しよう。第2章でも少し紹介したが、福岡市は**全国でもトップクラスの人口増加率**を誇る街だ。福岡アジア都市研究所の分析によると、２０１０年から２０２０年までの10年間で人口増加率は10・16％となっており、**全国の都市の中で１位**だ。これはもちろん東京23区も含めての結果である。しかも、出生数から死亡数を引いた〝自然増〟、および転入者から転出者を引いた〝社会増〟ともに増えており、若者、働きざかりの世代、女性が多いという面も特徴となっている。若い世代に関しては、高校・大学・専門学校など多種多様な教育の場が整っているから人が集まってくるし、実際にかつての私もそんな若者の1人だった。このように**福岡に人が集まる傾向は今後も続く**という見方が多い。地方税の歳入額が全国の都市でダントツの高さとなっているのもそうした人口動態の影響だろう。

その反面、消費者物価指数は大都市圏で一番低い。極め付けは家賃の安さだ。**家賃10万円未満で暮らしている人の比率は、東京23区の24・8%に対して74・3%**となっている。つまり、活気があり、低コストで生活ができて、行政サービスも受けやすい街だということだ。もちろん、人が集まる理由はそれだけではない。

福岡市は、昔からスクラップ・アンド・ビルドを絶えず繰り返し、成長を続けている街だ。他の都市と比べてもその密度は濃い。例えばここ数十年を振り返っても、百道エリアの開発や、平成初期のソラリアプラザ、イムズ、アクロス福岡といった天神のランドマークが誕生した時代があり、都市高速道路が延伸されていった時期や地下鉄七隈線の開通などを懐かしく思い出す人も多いことだろう。他にも、ドーム球場の誕生やアイランドシティの完成、博多駅ビルの改装に九州新幹線の開通、九州大学の移転など街の新陳代謝は絶えず行われてきた。街自体が生きているのである。

そして今は**「FUKUOKA—NEXT」**を旗印とした再開発が各所で進んでいる。天神ビッグバンを始め、ウォーターフロントの再構築、博多コネクティッドなど、どこかで何かが進み続けている。そうした変化はワクワク感を生み、「福岡に行けばいつも面白いことが起きている」という期待感を高めているのである。

そうした動きを生み出すのに、都市のサイズがちょうどいいというのも大きな強みだ。いわゆるコンパクトシティであり、都心部と生活圏が非常に近い。その結果、通勤時間が短く済み、暮らしにも時間的な余裕が生まれるし、ちょっと足を運べばショッピングやエンタメにすぐ手が届くという利便性を高めている。交通インフラも充実しているので、高齢者でも様々なサービスを受けやすい。

ここまでの紹介だけだと、福岡を知らない人は無機的な都会を思い浮かべてしまうかもしれないが、実際にはそうではない。ここでは**街と人が密接に繋がっている。**代表的なものが〝祭り〟だ。博多三大祭りをはじめ、どんたくや十日恵比寿の正月大祭など、博多伝統の神事や、市内外の人で賑わう催事が多く、そのたびに福岡の人たちは本当に祭りが好きなのだなと実感する。エネルギーと遊び心にあふれているのだ。

そして、この街では相反するものが見事に共存している。テクノロジーと伝統文化、豊かな自然と洗練された都会、高齢者が住みやすく、若者は楽しめて、子どもたちものびのびと暮らせる環境。こうしたバランスの良さが絶妙なので、おのずと住みやすい街になり、一度住んだら定住したくなるのだろう。

他にも、「食べ物が美味しい」という声もよく聞く。確かに美味いし、値段も安い。同じ満足感を東京で得ようと思ったらかなりの金額になる。さらに地元のプロスポーツチームが多かったり、博多座のような芸能を支える施設があったりと、とにかく数え上げればきりがないほどだ。もう1つ付け加えるなら、**「転入者にやさしい」**ということが挙げられるだろう。これは私も身をもって体験したことだ。福岡市では他所から来た人たちも伸び伸びと呼吸し、胸を張って歩ける。包容力が高いのである。

とにかく、このように自慢できる部分が多い福岡市だから、人は次々に集まってくる。他県の人でも、転勤先が福岡市だと聞いて、がっかりする人はいないのではないだろうか。事実、転勤族として福岡に来て、「そのまま定住しようと決め、終の棲家を構えました」

という人を私は何人か知っている。
こうやって人が集まってくるから不動産の需要が高まり、需要が高いから価値が下がりにくくなる。私が**「福岡市内の物件に限って言えば、一定の資産価値は持続する」**と自信を持って言えるのは、こうした根拠によるものだ。

また、不動産投資に関していえば、最近では東京で物件を持っている方が「福岡でも投資用のマンションを買いたい」と相談してこられるケースも増えてきた。例えばあるお客様は、東京で単身者向け1LDK、4000万円の物件を所有している。ここは家賃が11万円ぐらいで、毎月3万5千円ほどの手出しをしながらの運用だった。これに対し、当社から紹介した福岡の物件は、同じ1LDKで平尾駅前、価格は1800万円。家賃は8万円で、もちろん手出しはなく、むしろ少し利益が出る。この方も大満足の様子だ。

そうやって福岡市で不動産投資をしていると、街の見え方も少し変わってくる。例えば都市開発のニュースを見ていても、今までは他人事のように感じていたのに対し、興味関心が強くなり、「順調に進捗しているな」などと当事者目線で感じ取ることができるようになる。あるいは、春の季節に新入社員や転入してきた転勤族を見て、「ようこそ」と応援する気持ちになることもあるだろう。自分自身が住環境の提供という面で街の一部を運営しているということと、市の発展がそのまま自分の将来に深く関わってくるということがあるから、街の動きも**「自分事」**として捉えるようになるわけだ。そして、福岡市に対する愛着は年々深まっていく。本来、ある土地に住むということは、こういった深い愛着を伴うべきものだと私は思う。

以上、福岡市という地域の魅力を通して、ここで不動産投資を行うことのメリットを説いてきた。しかし、福岡市だから100％安心だという訳ではない。どんな土地でも不動産投資を行うにあたってリスクはある。次のパートでは、大福メソッドにおけるリスクヘッジについて説明していきたい。

大福メソッドにおけるリスクヘッジ

大福メソッドにおけるリスクヘッジについて説明する前に、一旦おさらいをしておこう。第2章で解説した通り、不動産投資における主なリスクは**「空室リスク」**と**「維持管理リスク」**の2つ。そして、空室リスクには**「サブリース」**、維持管理リスクには**「維持管理業務を一括委託する」**という方法が解決策になる。当社ではこれらのシステムを採用し、お客様がローンの完済を迎えるまで余計な不安やストレスを抱えることがないように体制を整えている。では、大福メソッドの枠組みの中で、具体的にどのように対応しているのか、簡単に解説したい。

大福メソッドにおけるサブリース

サブリースは、投資者（オーナー）と入居者の間に不動産業者が入って、転貸のかたちをとりつつ、入居者との連絡や家賃回収などの業務を請け負うものだ。入居者からはオーナーの姿は見えず、賃貸借契約の締結は不動産会社を相手に行い、家賃も不動産会社に支払う。不動産会社が預かった家賃は、サブリースの料金が差し引かれた上でオーナーの手に渡る。

サブリースの形態には、空室になった場合の家賃保証がない**「実績賃料連動型」**と、空室でも家賃の大部分が保証される**「賃料固定型」**があり、当社では賃料固定型を採用している。入居者がいる・いないに関わらず、オーナーの家賃収入は途切れることがないため、よりリスクヘッジに向いた形式となっている。

参考までに、**当社が管理している物件全体の入居率は、おおむね98%**だ。福岡だから出せる数字なのだが、これは極めて良好な状態だと言える。実際、１００％に届いたこともあり、この入居率１００％の状態が恒久的に維持できるのであれば空室リスクはゼロになるので、賃料固定型のサブリース制度は必要ない。しかし、２％程度のオーナーは空室を抱えているのが現実だ。仮にサブリースがなかったとしても、１ヵ月くらいならなんとかしのげるかもしれないが、２ヵ月、３ヵ月と続くと厳しいだろう。１年間空室が続くと百万円単位の損失になって、オーナーはかなり苦しい。こうしたケースは運やタイミングで起きるものであり、発生率もごくわずかだが、コツコツと積み上げてきた不動産投資の成果を失うのは辛いことだし、当社としても不本意である。なので、当社が扱う不動産投資では原則としてサブリースを契約していただくようにしている。

また、入居者の対応に関する様々な負担もサブリースで軽減できる。実際、世の中には非常識な入居者もいる。あるいは、入居者本人はきちんとした学生さんだと思っていたら、その保護者が理不尽なクレームをつけてきた、ということもある。さらにこのご時世では、SNSに誹謗中傷を書き込まれる可能性も考慮しておいた方がいい。こうしたトラブルへの対応は、時間も神経もすり減るものだ。しかし当社ではサブリースの枠内で入居者への対応も全て行うので、現場におけるオーナーの負担はない。もしもオーナーがそうした対応に慣れていて、法律などにも詳しく、ストレスも感じないという鉄のハートを持っているのであればご自身で対応することも可能だが、やはり面倒なことはプロに任せた方がいいのは間違いない。

サブリースを使わなかった失敗例

具体的に、サブリースを使わなかった場合どの程度のダメージがあるのか。身近に実例があるのでそれをもとに解説しよう。

私の知人の1人は中央区に投資用マンションを持っていて（当社の仲介物件ではな

い)、比較的人気の高いエリアにある物件なので空室リスクは度外視し、サブリースは組まずにいた。これで家賃は全て自分の収入になるし、ローンとの収支もプラスになる。ただし、プラスといっても金額は月々1000円程度だった。そんな中で入居者が出ていくことになり、すぐに次の入居者を募集したのだがなかなか決まらなかった。いざ空室になると初月から10万円近い赤字が出る。入居者が決まるまでこの出血がとまらないと思うとX氏は不安でたまらない。もともとは、月に1000円の黒字、つまり年間1万2000円ほどの利益を惜しんだことが招いてしまった結果だ。彼の場合は、幸い数ヵ月で次の入居者が決まったが、その時の損失を取り返すのに何年もかかることになった。こうしたことが起きると、「マンションの投資ってうまくいかないな」という発想に陥りがちで、弱気になった挙句に物件を売りに出してしまったりする人もいる。台無しだ。

繰り返すが、こうした事例はあくまでも一部である。しかし実際に一部のオーナーはこうした憂き目に遭う。我々の目から見れば、「運が悪かった」ではなく「サブリースをしておけば良かったのに」ということなのである。サブリースでは若干の手出しが出るが、それも数千円だ。これを当社では「追加料金と捉えず、運用上の安心を得るための保証料だと考えてください」とお伝えしている。小さな出費を惜しまず、想定外に備えることが大切だと改めてここで伝えておきたい。

サブリースの保証期間はいつまで有効なのか

このように、安心に安心を重ねるために設けられているサブリース制度。当社ではお客様がローンを払い終えるまで責任を持って伴走するし、それ以降も要望に応じて契約を継続するので保証期間のことを心配する必要はない。ただし、世の中には、オーナーとサブリース会社がうまくいっていない事例もある。そうしたケースを想定して説明しておきたいと思う。

まず、サブリースの契約は、2年ごとに更新するものが多い。双方の合意で更新することになっており、不動産業者側から契約が打ち切られることは、ほぼないと考えて問題ないだろう。仮に、非常に大きなマイナスを出し続けるような物件があれば、不動産業者側も困惑し、サブリースの料金を値上げする、あるいは契約を打ち切るといった相談をオーナーに持ちかけてくることがあるかもしれない。しかしこうした事例は極めて稀なものであって、あまり想定に入れておく必要はないだろう。そもそも、サブリースを提供している会社にとって、物件の一戸一戸は会社の財産なのだ。物件数は多い方がいいに決まっている。しかし、万が一契約を打ち切られた場合、あるいは委託していたサブリース会社が潰れてしまったらどうするか。これも問題ない。サブリースを行っている会社はたくさんあるからだ。すぐに他の不動産業者に相談してみるといいだろう。あくまでも、サブリース会社を選ぶ権利はオーナー側にあるので、安心していただきたい。

大福メソッドにおける維持管理業務

サブリースによって家賃収入と入居者対応のリスクヘッジができたら、次は維持管理リスクへの対応だ。当社では、第2章で触れた通り、敷金と礼金を対価に維持管理業務を全て一括受託するという方法をとっている。詳しい内容は前述したので省略するが、維持管理リスクで大きいものは、修繕を依頼した業者とのトラブルや、設備の更新費用だ。

残念ながら、悪徳業者は一部存在する。例えば入居者退去後の工事の際に、「ここここは全面的に修繕しなくては」と言われたとしても、一般の会社員や公務員であるオーナーがその是非を判断するのは難しいだろう。また、修繕結果の請求書をチェックして、本当に記載された通りの工事が行われたのか、過剰な出費がなかったのかなどを確かめるのも困難だ。そうした部分に悪徳業者はつけこむ。その結果、たとえ不要な仕事や過剰な請求であっても、オーナーはそれを丸呑みしなくてはならなくなる。

私は、自分のお客様がそうしたトラブルに巻き込まれて泣き寝入りするようなことは絶対に嫌なので、維持管理リスクも当社に丸投げしていただく。預かった敷金・礼金は維持管理費用としてストックし、必要が生じたらそこから支出する。もし修繕の規模が大きくなり、敷金・礼金の金額をオーバーしてしまっても、オーナーへ追加請求することはなく、そうしたリスクは当社が請け負う。逆に余剰分が出たら、それは当社の利益となる。

このシステムにおいても、サブリースと同じく「委託せずに自分でやった方がいいのでは」と考える方がいるかもしれないが、それはおすすめできない。修繕の際に委託する業者選び1つとっても、当社では長い時間をかけて信用できる事業者を見つけ、そうした事業者に工事を任せ、さらに適切な指導監督を行うことができるが、普通のオーナーにはこれが難しいからだ。

また、資材や設備などに係るコストが年々上昇していることも忘れてはならない。例えば給湯器は近年の原材料不足や半導体不足などでさらに高騰し、昔は8万円くらいでユニット交換できていたのが、今では15万円くらい必要になってしまっている。エアコンなども同様で軒並み高い。当社では多くの物件を扱っているのでなんとかバランスをとってギリギリのやりくりができるが、2~3戸のマンションのオーナーが同じことをやるのはまず無理だろう。こうした理由から、当社のお客様には維持管理業務を我々に一括委託していただくようにしている。

大福メソッドはオーナーとの二人三脚で成立する

以上、不動産投資における二大リスクと、大福メソッドに組み込まれたリスクヘッジについて説明した。ここで挙げたもの以外に、「もし自分の身に何かが起きたら」、「地震でマンションが倒壊したら」といった懸念も広義でのリスクと言えるかもしれないが、これらは団信や地震保険で担保されているので安心していいだろう。こうした制度に加え、二重三重にセーフティネットを張り巡らせているのが大福メソッドだ。この仕組みによって、当社のお客様は枕を高くして眠ることができている。私たちにとっても、そうしたお客様の満足が最大の報酬だ。せっかく物件を販売したのだから、全てのオーナーに自分の未来が開けていく様子を見ながら明るく過ごしていってほしい。

世の中には、〝売って終わり〟という不動産業者もいる。もちろん企業が自社の利益を追求するのは悪いことではない。そうやって事業を進めていけば会社の規模はどんどん大きくなるかもしれないし、うまくいけば社員も数百人、数千人単位になり、ＣＭもたっぷり打って会社の名前を随所で露出できるようになるだろう。しかし大福不動産はそういう会社ではない。当社の特徴は、**不動産を売ってからが本当のサービスの始まり**だという点にある。大福メソッドを駆使してお客様をサポートするのはもちろん、ライフプランも一緒に考えて、幸福な老後までを通して伴走を続ける。途中で何かトラブルがあれば必ずオーナーの側に立って誠実に対応するし、もし必要があれば、投資信託など他の資産運用手段をアドバイスすることもある。

こうした点を踏まえて、私から読者へメッセージしたい。**不動産投資を始める方は、ぜひ〝人〟を見てほしい。**自社の利益のために物件を売りたいのか、あるいはその人の将来にまでコミットして物心両面の満足を売りたいのか、その違いを見極めてほしいのである。

以上、この章全体にわたって大福メソッドの全体像を説明してきた。当社の強みはこうしたサービスを複合的に、ワンストップで提供できるということにある。このサービス群の中で、不動産投資と同じくらいの比重を占めるのが〝太陽光発電〟だ。次章ではこの太陽光発電への投資について、分かりやすく説明していこう。

第4章

不動産投資における二の矢
〝太陽光発電投資〟

本章では、大福メソッドの中でも重要な役割を果たす〝太陽光発電投資〟について解説していく。この太陽光発電は、今ではかなり身近なものになった。例えば郊外をドライブしていると、大小さまざまな土地に太陽光パネルがびっしりと並んでいるのを目にすることがあるだろう。ひまわりのように同じ方向を向き、黙々と電力を生み続けているあの施設だ。

国内どこででも見られるようになったこの太陽光発電施設について、何か考えたことはあるだろうか。もしかすると「太陽光発電」という言葉が持つ意味以上のものは特に思い浮かばないかもしれない。しかし、この章を読み終わった頃には、あれが単なる発電施設ではなく、私たちの将来に豊かな生活を約束してくれる場所だということが理解していただけるのではないかと思う。

ところで、本題に入る前に1つ説明しておきたい。当社が太陽光発電投資を取り扱っていることについて、前章では**「アセットアロケーションのため」**ということ、そして**「太陽光発電は投資の中でも〝手堅い〟ものである」**からだと説明したが、もう少し詳しく解説しておこう。アセットアロケーションとしての役割は大きいが、単に投資を分散するだけの目的ではない。理由は端的に言って3つある。**「不動産投資だけでは足りないから」**という補完的な側面と、**「太陽光発電投資は利回りがいい」**というメリット、そして**「不動産業者だからこそ太陽光発電投資のサポートができる」**という強みだ。

まず第1の理由だが、将来に向けた資産形成を不動産投資だけに頼った場合、前述の通り大きなリターンは望めない。もちろん将来的には投資したマンションが手に入るが、それだけで十分であるとも言い難い。〝将来の豊かな生活〟は人によって尺度も様々だが、できれば国が保障する「最低限度の生活」を、自助努力で「不自由のない生活」という水準に引き上げ、さらに「若干の余裕」があった方が安心だろう。そうした余裕を生み、将来に向かっていつも平常心でいられるためには、やはり別の収入源があった方がいい。

当社ではこれを**〝もう1つの蛇口〟**と呼んでいるが、それが太陽光発電投資なのである。

また、第2の〝利回り〟という点も重要だ。太陽光発電投資は、投資額に対する回収率が非常に高い。インターネットにも様々な記事が掲載されているが、利回りの良さについては大体一致している。この高いリターン性が、不動産投資では十分ではない収入の面をカバーし、さらなる安心をもたらしてくれる。

第3の点についてはここから先のパートでも詳しく語っていくが、個人で行う太陽光発電投資には、土地を借りてそこに設備を置く方法と、土地と設備をセットで購入する方法がある。このどちらの方法をとるにしても、土地に関するノウハウがあり、投資も手掛けている不動産業者にとっては、まさに得意分野なのである。以上の説明で、当社が太陽光発電投資を手がけている理由については納得いただけたのではないだろうか。

それではここから太陽光発電投資について詳しく説明していこうと思う。できるだけ分かりやすく伝えるために、次のように順を追って解説していく。

□太陽光発電投資の仕組み

□太陽光発電投資のメリットや強み
□大福メソッドにおける太陽光発電投資の位置付け
□太陽光発電投資という二の矢に次ぐ〝三の矢〟
□資産運用の注意点

なお、不動産投資の時と同じく、太陽光発電投資についてもし何らかの知識を持っているとしたら、ここで一旦頭を真っ白に戻してほしい。その理由も本章を最後まで読んでいただければ分かるだろう。

太陽光発電投資の仕組み

大福メソッドにおける太陽光発電投資は、太陽光パネルとそれを設置する土地を同時に購入し、あるいはその土地を借りて、パネルで発電した電力を売って収入を得るという個人事業、およびそれを行うための投資だ。この章では、土地を購入するというパターンをモデルにして説明していく。

この投資に必要な資金は、設備費と土地代、工事費、そして保険の費用が中心となる。金額の目安は、区分の広さや設備の規模によるため一概には言えないが、当社が取り扱っている中で最も多いのは、おおむね3000万円くらいの物件だ。そして、この費用は銀行から融資が受けられる。頭金が必要だが、25万円くらいなので貯金でカバーできるレベルと言っていいだろう。電気買い取り制度のFITは現在20年間なので、ローンも20年で組む。この融資をもとに土地を購入し、太陽光発電の設備を設置して運用に入る。その後、消費税の還付があり、売電によるキャッシュフローが生まれ、ローンの支払いを超えた分が収入になるので、それを蓄えていくことで将来に向けた「若干の余裕」も蓄積されていく、という仕組みだ。

太陽光発電投資のメリットや強み

太陽光発電投資は利回りがいい、というメリットはすでに紹介した。これが最大の強みだといっていい。実際、太陽光発電投資の利回りは一般的に10％ほどだといわれており、他の様々な投資と比較しても極めて高い。ただし付け加えておくが、これは運用にかかる経費などを引く前の「表面利回り」なので、維持費や保険料などを差し引いた「実質利回り」で計算すると数値は若干下がる。ちなみに、本書で示しているような一般的な区画――購入価格3000万円ほどの区画であれば、年間のメンテナンス費用はおおむね15万円程度だ。これは所有する太陽光発電の規模によって変わるが、この金額と保険料などの維持費総額を引いたものが実質利回りになる。この点に触れずに表面利回りだけを強調するような事業者には注意した方がいい。

とはいえ、それでも太陽光発電投資の利回りが高い水準にあることに変わりはない。参考までに、東証プライム市場の2022年度株式平均利回りは、加重平均で2・03～2・42％だった。単純比較はできないが、「高い水準」というのがどのくらいのものなのかを考える目安にはなるはずだ。また、不動産投資の利回りについては、新築か中古かといった点や、立地などによって変わるので一概には言えないのだが、前述の東証プライム市場と太陽光発電投資の中間くらいだと考えておくといいだろう。

このように、太陽光発電投資が持つ最大の武器は利回りの良さで、しかもそれが非常に安定している。なぜなら、投資対象は**需要が途絶えることのない〝電力〟**であるし、**20年間は一定の金額で買い取ると国が約束している**からだ。これだけ好条件でできる投資は他に見当たらない。

もちろんリスクや懸念点はゼロではない。例えば、この20年間という期間で太陽光パネルが劣化することを心配する声もある。もちろん劣化は起こるが、最近のパネルは性能も耐久性もかなりアップしており、メーカーによる保証も、物理的な故障などに対する〝システム保障〟は10～15年、発電性能に対する〝出力保障〟は20年以上が当たり前となってきているので、製品選びを間違えなければ大丈夫だ。

また、自然災害などで被害を受けるリスクもあるが、これに対しては保険で対処する。地域によっては、電力会社がエネルギーの買取を一時的に停止する出力抑制の影響を受けることもあるが、その状態がずっと続くことは考えにくく、長期的にみれば安定した収入源といえるだろう。こうした一連の対策を当社ではトータルでアドバイスするので、投資を始める前にあれこれと調べて時間を費やす必要もない。

この「利回りがいい」、「手堅く利益を積み上げられる」というメリットがあるため、それはおのずと**「銀行からの融資が受けやすい」**というもう1つの強みに繋がっていく。そしてこうした一連の手続きには、不動産投資の立てつけをそのまま活かすことができる。基本的な仕組みが同じだというのは、お客様にとっても安心感が高いものだといえるだろう。

そして、不動産投資と同じように運用中の面倒なことは当社がすべてフォローするので、**〝手放し運転〟が可能。**日々の生活の中で、太陽光発電をやっているということや太陽光発電投資のローンを支払い続けているといったことを特別に意識しなくても、口座には着実にキャッシュが積み重なっていく。

最後にもう1つ付け加えておくなら、太陽光発電投資は心理的にもいい効果を生んでくれる。**「クリーンエネルギーの普及に、直接貢献している」**という実感だ。日々の生活の中でエコに努めることはもちろん重要だが、それに加えてクリーンエネルギーを自分が生み出しているという感覚は、何物にも代えがたい満足感をもたらしてくれることだろう。自分の将来を豊かにするだけでなく、社会の未来をも明るくするのが太陽光発電投資なのである。

少し話が逸れるかもしれないが、私は個人的にも太陽光発電、ひいては再生可能エネルギーをもっと普及させたいと考えている。脱炭素という取り組みは今後より強く推進していく必要があるし、日本ではほとんど石油が採れないためにエネルギーという面で自立できていないのも問題だと考えている。国土に特定の資源がない——これは仕方ないことだが、たまたま石油が大量に埋まっている国に莫大な金を払って石油を買い続けるのもそろそろ終わりにしてよかろうと思う。だから再エネ、だから太陽光発電だ。

地球上に気まぐれに埋まっている石油と違って、太陽光は私たちに等しく降り注ぐ。少なくとも日本に住んでいる限りはそうだし、いくらでも使えるし、空気を汚すこともない。太陽光発電のパネルたちは、空に太陽がある限り発電を続けてくれる。

他の再エネももちろん大切だが、個人で貢献できるものは限られている。そもそも再エネとは何かというと、「エネルギー供給事業者による非化石エネルギー源の利用及び化石エネルギー原料の有効な利用の促進に関する法律」では、再生可能エネルギー源の定義を「太陽光、風力その他非化石エネルギー源のうち、エネルギー源として永続的に利用することができると認められるものとして政令で定めるもの」と定めている。法律の名前も説明文も何やらややこしいが、具体的に挙げると、①太陽光、②風力、③水力、

④地熱、⑤太陽熱、⑥大気中の熱その他の自然界に存する熱、⑦バイオマスの7つだ。この中で、⑤と⑥は熱利用、つまり熱エネルギーを空調や給湯に活用するもので売電ではないため除外。残った5つの中で一般の個人が着手可能な手段は太陽光だけと言っていいだろう。もちろん他の手段でも投資をすることは不可能ではなく、例えば風力発電では、小型の風力発電施設を土地ごと所有するという方法もあるにはある。ダムを個人で所有する……というのはさすがに聞いたことがないが、ファンドを利用しての投資なら可能だろう。しかし、いずれも利回りが低いとか、リスクが高い、費用が莫大であるなど、〝一般的な個人〟が参入することは考えにくい。他にも色々なネガティブ要因があるのだが、本書は他の投資手段を否定するためのものではないのでこのあたりにしておこう。いずれにしても、私たち庶民が、脱・炭素や脱・化石エネルギー依存に〝発電〟という面で貢献するには、おのずと太陽光を選択することになる。

話を本題に戻すと、このように、メリットや強みをいくつも持っている太陽光発電投資だからこそ、不動産投資を始める人へ分散投資を勧める際に当社は迷わずピックアップするし、大福メソッドの中にはデフォルトで組み込んでいる、という訳だ。

ただし、ここで注釈を付け加えておかなければならない。太陽光発電はクリーンなエネルギーだが、近年はその開発に伴う弊害も指摘されている。代表的なものが、メガソーラーの設置における森林環境の破壊だ。

パネルを大量に設置して大きな電力を生むメガソーラーは、野山を切り拓いて設置されることが多い。これによって森の木が伐採され、山の保水機能が損なわれたり、生態系に影響を与えたりする可能性が指摘されている。他にも、パネルが破損した際に有害物質が流れ出るリスクや、破棄する方法なども未解決の問題とされている。こうしたことは、我々も含め太陽光発電に関わる人たちは頭に入れておくべきである。

しかし、この問題に1つの答えはない。少なくとも、太陽光発電にネガティブ面があるからといって、とりやめる方向に向かうのは間違いだ。火力発電所を動かせば二酸化炭素が出るし、水力発電をするにはダムを作って自然環境を変えなくてはならない。原発を稼動させれば行き場のない放射性廃棄物が出る。太陽光発電についても、メリットとデメリットを知った上で関わることが重要だと私は考えている。ちなみに当社ではメガソーラーのような大規模の発電にはタッチしていない。あくまでも、郊外の遊休地などを活用した小規模・個人レベルの太陽光発電のみ取り扱っている。

もう1つ、ネットなどで目にする、太陽光発電の弊害ばかりを強調するような記事については、それを完全に鵜呑みにせず「太陽光発電をやめさせたい理由があるのかもしれない」という疑いの目も持って見てほしいと思う。

大福メソッドにおける太陽光発電投資の位置づけ

では、大福メソッドを進めて行く中で、太陽光発電投資はどの時点でスタートした方がいいのかというと、こちらも不動産投資と同様 **"できるだけ早く"** というのが答えだ。当社のお客様で現在運用中の方の例では、不動産投資を始めて1年以内に着手されるケースが多い。そして、あくまでも不動産投資が先で、太陽光発電投資は後に来なくてはならない。理由は、銀行から融資を受ける際の難易度だ。

太陽光発電投資は利回りの良さゆえに、銀行の融資も非常に通りやすい。そのハードルは不動産投資よりもかなり低いため、既に不動産投資の融資を受けてローンを組んでいるとしても大抵は審査OKとなる。しかしその順番が逆になった場合は、必ずしもそのようには進まない。太陽光発電投資のローンが始まっている状態で不動産投資の融資を受けようとすると、審査に影響するのだ。その影響は決して大きいものではないが、本来なら審査が通っていたはずの人がNGとされる可能性もある。なので、不動産投資から始めて、次に太陽光発電投資に着手する、という流れは変えてはならない。

ちなみに、自分自身が住む家を買う目的での住宅ローン（実需ローン）を組みたい場合は、賃貸不動産ローンの前か後にする。この順序はどちらでもOKだが、いずれにしても**太陽光発電投資への融資が最もハードルが低いので最後に持ってくる、**という鉄則は変わらない。

例えば、第3章で登場したB氏であれば、28歳の時に不動産投資を始めて、そのすぐ後に太陽光発電投資にも着手している。B氏が太陽光発電投資のために融資を受けた金額は3000万円。返済期間は20年。ここでポイントとなるのは、この金額の大部分が設備費用であるということだ。太陽光発電に使う土地は、主に遊休地や農地転用を経た耕作放棄地など、一定の面積をもつ場所で、かつ日光を遮るものがない場所――つまりはひらけた田舎の土地であるため、土地代は格安なのである。全体額が３０００万円の規模であれば、土地代は１００～１５０万程度の場合が多い。残りの金額の大半は設備費が占めるが、これには10％の消費税がかかってくる。そしてこの10％には消費税還付制度が適用される。

もうお分かりだろうか。この消費税還付でまとまったキャッシュが返ってくるのである。しかも消費税還付は一括で戻ってくるので、この例でいえば２３０万円程度のキャッシュが運用開始後まもなく手に入る。元手がほとんど必要ないだけでなく、これだけの現金を手にした状態で太陽光発電投資を進めていけるのだ。これは非常に大きい。

さらに、売電で得た利益からローン返済分を引いても若干の余剰金が残る。これを着実にストックしていけば、20年後のローン完済時にはざっくり８００万円～１０００万円くらいの貯金になる。B氏の場合は太陽光発電の完済時点で50歳そこそこだが、不動産ローン完済の年齢まであと10年以上残しているのにも関わらず、この金額が手元に積み上がっているのだ。この数字を見れば、大福メソッドに太陽光発電投資は必須だという意味がお分かり頂けるのではないかと思う。

太陽光発電投資という二の矢に次ぐ〝三の矢〟

B氏は50歳を前にして太陽光発電投資によるまとまった資産を手にした。それに加え、太陽光発電の土地も設備も全てローンを払い終えたので、そこから先の売電収入は、維持費や保険代を除けば全て自分の利益となる。さらに15年後には運用中のマンションのローンが完済となり、家賃収入がぐんと上がる。もし退職金が期待したほどの金額ではなかったとしても、リタイヤ後の人生に大きな不安はなくなった、と言っていいだろう。

しかし、それでも不安が残る場合はどうしたら良いか。当社からは次のステップを案内することができる。まず不動産投資があり、それに次ぐ〝二の矢〟として太陽光発電投資があり、その先に進みたい人にはいくつもの〝三の矢〟をアドバイスする。これが**大福メソッドの〝フェーズ6〟**だ。もちろん、その人の貯蓄額や、理想とする生活水準、老後のライフプランなどをふまえた上でのアドバイスとなる。

例えば、ここで登場するのが1棟買いだ。太陽光発電投資でしっかりと貯蓄を積み上げているのなら、アパートの1棟買いは決して難しいことではない。既に述べた通り、最初からここをゴールにしてプランを立てる人もいる。もちろん、当初は明確なゴールとしていなかったとしても、自分の投資の成果を途中観察しながら、「これならいける！」と確信した時点で1棟買いに駒を進めるという方法もあるが、最初から目標設定をしておけば、より成果も出やすくなる。

その他、同じ不動産投資でも部屋貸しではなく駐車場を所有するという方法もある。そこからはまた新たなメソッドがスタートするのだが、その説明についてはまた別の機会に譲る。あるいは当社に話を聞きに来ていただければ詳しくお伝えすることができるだろう。

資産運用の注意点

さて、このようにメリットが多い太陽光発電投資だが、いくつか注意点があるのでお伝えしておく。このブロックの内容については、太陽光発電投資だけでなく他の投資でも当てはまることが多いので、しっかりと記憶し、実際に不動産投資や太陽光発電投資を始めた後にも心に留めておいていただきたい。

まずは不動産業者との関係性である。前に「不動産投資を始める方は、ぜひ〝人〟を見てほしい」と述べたが、これは不動産投資の世界に飛び込む時の話である。ファーストステップの段階で人を見て、信用できる業者だと確信し、実際に不動産投資を始めたら、今度は**とことん相手を信頼してほしい。**当たり前のことなのだが、この信頼関係という軸がブレてしまったがために、せっかく立てたプランがうまくいかなくなってしまうこともある。

例えば、大きな災害や、コロナ禍のようなことが起きると社会の動きが変わる。経済の動きにも変化が起き、人々は不安になる。そんな時に良からぬ情報をネットで目にしたり、誰かにデマを吹き込まれたりして、「今手放さなければ大損するかもしれない」などといった早計から、誤った行動をする人がいるのだ。我々不動産業者は十分な経験をもとに「今はそんな時期ではない」とアドバイスするのだが、想定外の状況の中で視界が狭くなってしまった人はアドバイスに耳を貸さず、そのまま誤った行動に突っ走ってしまう。特にネットで情報を得たというパターンは始末に負えない。ネットでは複数のサイトで似たようなウソが書かれていることがあり、それを見た人は、「みんなこう言っている」と思いこんでしまうのだ。

これは繰り返し伝えたいのだが、ネットの情報を鵜呑みにしないでほしい。ネット上の記事は、こうした書籍化された文章とは異なりすぐに修正や削除ができるので、割と言いたい放題で、エビデンスの無い数字を出したり、あるいは事実と異なる内容を書いたりすることが横行している。また、そうした記事をコピーして、少しだけ手を入れて別物のふりをするという行為は日常茶飯事だし、それら複数のページを運営していたのは実は同じ主体だった、というケースもある。もちろんきちんとした記事もたくさんあるのだが、素人にはまず見分けがつかないだろう。

我々も、時折パトロールを兼ねて不動産投資の記事を閲覧するが、「こんなケースは聞いたことがない」「こういう数字はありえない」といったものは数えきれないほど存在する。不動産投資を否定したいのか、あるいは自社が利益を独占したいのか、理由はよく分からないが、根も葉もないことを良くもここまで書けたものだとあきれるような記事がネットの世界には年中花盛りである。指摘していたらきりがない。

ただし、不動産業界には、一部悪徳業者がいるのも事実だ。かなりグレーな商売をして儲けている会社もある。とはいえ、こうした悪徳業者はごく稀な存在で、それをあたかも業界の悪習のように言われては、当社を含め真面目にコツコツやっている会社としては迷惑千万なのである。

もう1つ付け加えるなら、ネットの世界ではネガティブなものが目に入りやすい、ということにも注意が必要だ。第1章で「プロスペクト理論」について書いたが、こうした事例もまさに同じもので、不安の根拠を聞いても大抵ははっきりしない。「なんとなく不安だから」といったような心理状態で、それに突き動かされて大事な資産を売りに出すような行動をしてしまうのだ。これはもう目を閉じて猛ダッシュするのと同じであり、必ず転んで怪我をする。そして結果として大損をする。

ちなみに、ここで示した内容は、実際に起きた事例をもとにしている。実例だから当然モデルがいるため、当事者の名誉を傷つけないために、あえて簡略化して示している。このようなことが起きると、我々としても力及ばずで悔しい限りという気持ちになるのだが、不動産会社に強制力はない。モヤモヤとした後悔が残るだけである。

ここで改めて、大福不動産のフィロソフィーを示しておきたい。

誠実であること。
経済活動を含めた全ての行動の基盤に「愛」を置くこと。
大福不動産は、感動を創造する企業です。

このフィロソフィーと、お客様を「物心両面で豊かにする」というマインドが当社のサービスの根底にある。誠実な不動産業者ならおそらく同じ気持ちで仕事をしていることだろう。不動産投資は、投資者と不動産業者の二人三脚で成り立つものなので、相手を信頼できる不動産業者だと見極めたのなら、あとは最後まで信用して自分の未来を勝ち取ってほしい。

そして次に、絶対に忘れてはならないことを伝えておきたい。それは〝自分を裏切らない〟というもの。単刀直入に言えば、**「せっかく貯めたお金を無駄に使わない」**ということだ。

「そんなことは分かっている」と思うかもしれないが、実際に途中で使ってしまう人がいるのである。それが子育てのためだとか、病気の治療だとか、本当に不可抗力ならば仕方ない。むしろ、蓄えがあったおかげで対応できた訳なのでそれは良しとして損失とは考えず、そこからまた投資を再スタートさせましょうというアドバイスをするのだが、いかんせん〝遊び〟に使ってしまっているとしか思えない人もまれにいる。困ったものだ。

ここで「自分は大丈夫」と思うことなかれ。人間、不労所得でまとまったお金が貯まると、どうしても心に隙が生まれる。その隙に邪心が入り込み、「ちょっとだけなら……」という気持ちでつまみ始めるともう止まらないのである。我々が気付いた頃には時すでに遅し、その人の理想や目標は遠ざかってしまっている。

大福メソッドは、あくまでも未来に向けての積み立てだ。コツコツと数字を積み上げていって、自分の、そして家族の将来を明るく豊かにする。それを最初に描いたのは自分自身なので、その自分を裏切らないでほしいのだ。もちろん自制心のある方であれば、少しだけ切り取って今の生活に潤いを与えるために家族で旅行に行くとか、そういったことに使うのは問題ない。しかし心のブレーキが甘い人については、金庫の鍵を二重にも三重にもしておいて、気軽につまむようなことができないようにしておいていただきたい。未来にコミットするというのは、つまりそういうことなのだから。

最後にもう1つアドバイスをするとしたら、**太陽光発電投資もできるだけ早めに始め**

ることをお勧めしたい。太陽光発電投資の人気は、年々高まっている。理由はこれまで述べてきた通り、メリットが多くリスクが少ないからだ。今まではそうした認識にたどりつく人がさほど多くなかったが、今ではこのメリットの大きさに気付く人が増えてきている。そうすると、太陽光発電ができる場所は優良な区画から順に、徐々に埋まってくる。この傾向が今後どのように加速していくのかは我々も流れを読んでいる段階だが、今は実際に利益を出した人があちこちでその実例を広めていっているので、太陽光発電投資への参入者は加速度的に増えていく可能性もある。あるいは今のペースのまま社会に浸透していくのかもしれない。いずれにせよ、早めに始めるのが得策だと当社ではアドバイスしている。

以上、第2部では3章・4章にわたって大福メソッドについて語ってきた。当社が不動産投資と太陽光発電投資の組み合わせでどのような効果を生み出そうとしているのか、おおむね分かっていただけたのではないかと思う。

ここで閑話休題。当社の顧客の事例にユニークなサンプルがあるので、それについてもぜひ紹介しておきたい。

C氏は40代の会社員である。他のお客様と同様、非常にまじめな方で、家族を大切にしつつ、仕事にも懸命に打ち込んでいる。たまの休日に自分だけの時間が作れたら、彼は必ず魚釣りに出かける。昔で言う〝釣りキチ〟だ。そんな彼の夢は「釣り船の船長になる」というもの。ただ、釣り船も高価なのでそれを買うお金を貯めなくてはならない。そこで、大福メソッドを利用して、退職後に釣り船を買う資金を貯めようと投資を始めたのである。

目標があるから行動も早い。不動産投資を始めて、すぐに太陽光発電投資にも着手した。そして太陽光発電の消費税還付が戻ってきた際、それに自分の貯金も足して、安価な釣り船を買ったのだ。もちろんこれは目標としていた船ではなく、あくまでも予行演習のようなものなのだが、とにかく彼は船長になった。今では毎週のように休みになると釣りに出ている。釣り仲間や家族も巻き込んで、それはもう釣り三昧の日々である。そして、60歳になったら会社を退職して、大福メソッドでさらに貯まった資金を使い、本格的な釣り船を買うことを目標にしている。彼の第二の人生は、釣り人達をもてなす釣り船の船長だ。

この例は、大福メソッドの使い方として正しいし、このように夢に向かって進む人のサポートができることを、当社としても非常に誇らしく感じている。「あと何年頑張ったら、自分のやりたいことをやって稼げるようになる」と、そんな目標を追いかけながら、そして目標に着実に近づいている実感を持ちながら生きていけるのは、とても素敵なことだと思うのだ。

大福メソッドは、将来の豊かな暮らしのために作られたものだが、それをアレンジするのは皆さんの自由だ。ぜひ自分の夢を叶えるためにカスタマイズしていってほしい。当社も、持てるノウハウを余すところなく投入してアドバイスしながら、お客様が〝自分の投資プラン〟というコースを走り終えてゴールテープを切るまで、全力で伴走していく。

そうしたイメージをよりリアルに持っていただけるよう、第3部では**大福メソッドにもとづく未来予想図**を提示したいと思う。将来に対して何の備えもしなかった人と、不動産投資や太陽光発電投資をフル活用して定年退職を迎えた人が、それぞれどのような老後を送るのか、あくまでも客観的な視点でシミュレーションをした上でサンプルを示すので、ぜひ参考にしていただきたい。

コラム❷

不動産投資における〝いい不動産会社〟の見分け方は?

これはなかなか難しい質問だ。回答が難しいのではない。むしろ即答できるほど簡単なのだが、不動産業者が100社あれば100通りの回答があるだろう。

しかも、どんな不動産屋だって「わが社が一番」だと思っているはずだ。たとえそこが利益至上主義の方針をとっていたり、業者と結託して不正に修繕費用を上乗せしたりしていたとしても、「わが社が一番」なのである。簡単に言うと、「私は嘘をつきません」という言葉と同じだ。嘘つきは自分の嘘を隠すためにこう言うし、正直者はストレートにこう言う。結果として、誰を信用していいのか分からなくなる。

こうした点をふまえて、当社からできるアドバイスとしては、大福メソッドの解説の中で伝えた通り「人を見る」ということ、これに尽きる。見るべきはCMでもパンフレットでも公式ホームページでもなく「人」だ。相手は誠実な人間か、その言葉や行動の基盤に愛はあるか、倫理観を持った商売をしているか、そして、自分と一緒に充実した人生プランを描いて、しっかり伴走してくれるパートナーなのか、直接会って、じっくり話して見極めていただきたい。また、同時に伝えておきたいのが「一度は疑いの目で見てほしい」ということだ。もちろんこれは、当社も含めての話である。

とにかく人は騙されやすい。しかも善人ほどうまい話に乗せられて損をしがちだ。実際、当社にもそういったお客様が時折相談に来る。不動産のプロの目からすると「この人も例のパターンでやられたのか」という感想なのだが、騙される人たちはたいてい真面目で人を信用しやすいので、似たような事例が後を絶たないのである。

まずは不動産会社の話にしっかり耳を傾け、きちんとリスクやネガティブ面を語っているか、根拠のある数字を示しているか、話に矛盾がないかといった点を確認し、その上でできれば複数社を比べて見るといいだろう。また、こういう言い方をすると語弊があるかもしれないが、ＣＭなどで目にする会社、いわゆる大企業であれば安心という訳でもない。実際、上場企業がトラブルを起こしている事例は過去にいくつもある。知名度だけで判断するのはお勧めできない。

「人を見る」というのは簡単そうだが、結構難しい。それでも見抜かなくてはならない。ある意味、自分の人生を委ねる相手となるのだから、パートナーとなる不動産業者探しは一番重要なプロセスといってもいいかもしれない。そして信用できると確信を持てる相手を見つけたら、あとはとことん信じて、パートナーが見せてくれる未来に飛び込んでいってほしい。

［第3部］

大福メソッドが描く未来予想図

第5章

不動産投資から始まる将来のシミュレーション

ここまで語ってきた内容で、不動産投資とは何か、太陽光発電投資はどんなものなのか、そしてそれらをもとにした大福メソッドとはどのような仕組みなのか、といった内容が理解いただけたのではないかと思う。ただ、理屈として分かっていても、具体的なイメージは掴みづらいかもしれない。数字と理論だけでは、リアルな実感は得にくいものだ。それは私がお客様に説明する際にも感じることで、そうした場合には、お客様ができるだけ自分のことに置き換えて**「いつ、何をしたら、何年後にこうなる」**と考えられるようなシミュレーションを示すようにしている。

その方法にのっとって、本書の最後は〝大福メソッドが描く未来予想図〟を提示する。

前章末で述べた通り、客観的な視点で、**「将来に対して何の備えもしなかった人」**と、**「不**

動産投資や太陽光発電投資をフル活用して定年退職を迎えた人」との対比をしてみるので、ぜひ他人事ではなく、今これを読んでいるあなた自身の将来像としてとらえていただきたい。主人公になりきれないのであれば、頭の中で多少アレンジしてもOKだ。ただし、その際には楽観的にも悲観的にもならず〝客観的な視点〟で考えることだけは忘れないでほしい。

シミュレーションに入る前に、まずは時代背景を明確にしておきたい。舞台は35年後、２０６０年頃の日本だ。この時代の状況をイメージすると、残念ながら明るい要素は多くない。絶望的とまでは言わないが、こと経済や福祉という視点で考えると現時点でネガティブな要素が多すぎるのである。

まず人口が減る。内閣府の「令和4年版 高齢社会白書」によると、２０６０年時点での国内総人口予測は９２８４万人。すでに1億人を割り込んでいる。**２０１０年からの50年間で人口は約72・5%まで減少する**という予想だ。しかも減るだけではなく、少子高齢化によって生産年齢人口（15〜64歳）の層がやせ細ってしまう。これが何を意味するのかはすぐに分かるだろう。**働く世代が減ると国の貴重な収入源である税収が減る**

のだ。その反面、高齢者が増えているから福祉には金がかかる。ではどうするか。最も手っ取り早いのは消費税を上げるか、公債を乱発するかだ。ただし、今の時点で国の借金は1000兆円を超えている。35年後に公債がどの程度信用されているのかは分からない。

こうした状況はおのずと年金制度にも影を落とすだろう。日本の年金制度は物価の変動と合わせて支給額が上下するが、近年の消費者物価指数のグラフがぐいぐい右肩上がりになっているのに対し、年金の支給額推移は傾斜がゆるやかで勢いがない。つまり物価上昇に見合った増額がされていないのである。これは若い世代の負担が重くなりすぎないようにする「マクロ経済スライド」という仕組みが働いているからなのだが、詳しい説明は省略する。いずれにせよこうした傾向は当分続くだろうし、それは私たちの生活にダイレクトに影響する。少々雑な言い方をすれば、**国から支給される年金で買えるものは年々減っていく**、ということだ。

年金だけでなく、医療や福祉、公的機関で受けられるサービスも徐々に限定されていくか、あるいはじわじわと負担が増えていくことになるだろう。身近な例でいえば、昔

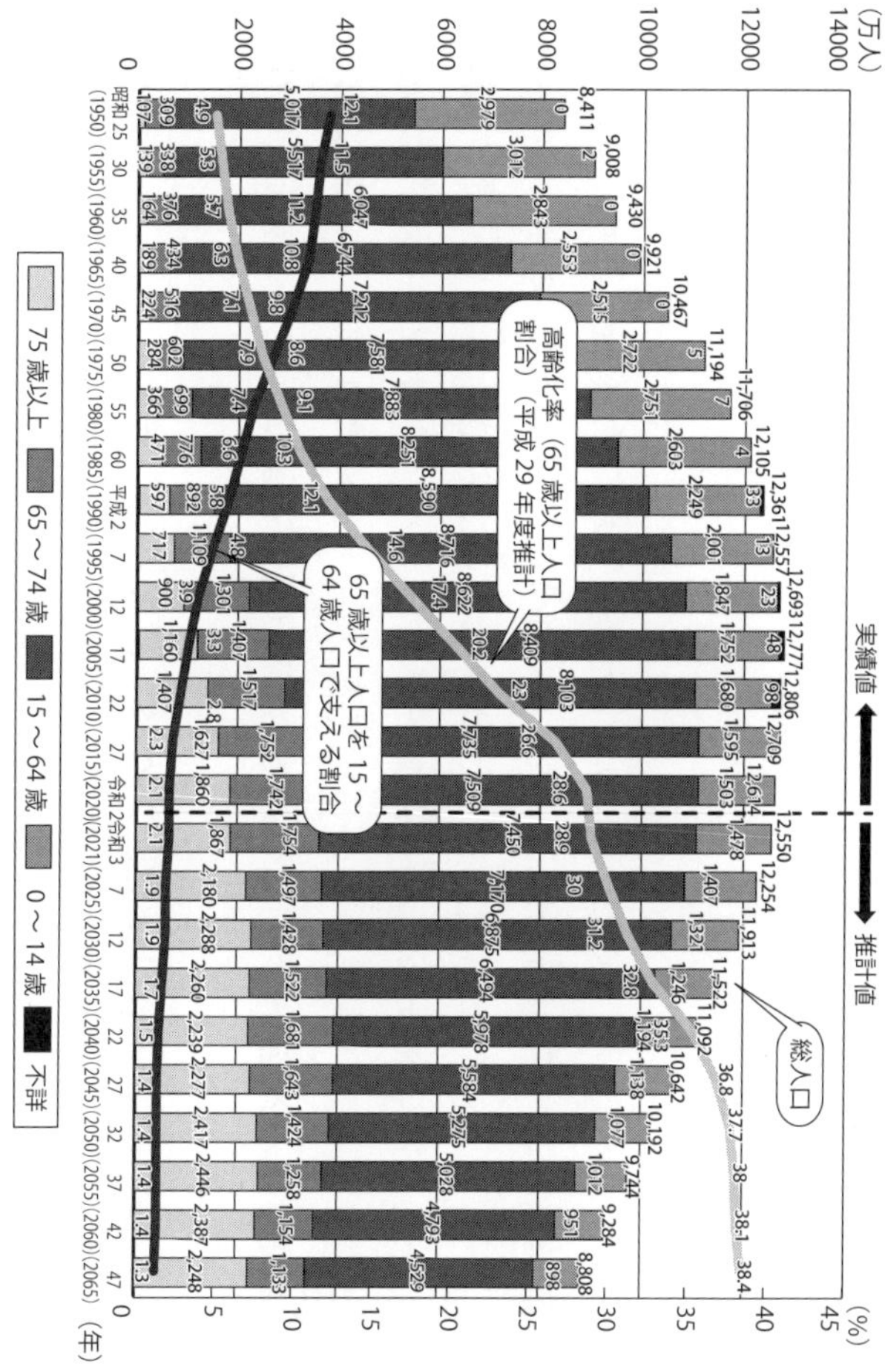

内閣府「令和4年版高齢社会白書」より

は無料で停め放題だった公共施設の駐車場がいつの間にか有料になっていた、というようなことで、将来は図書館が有料化される、ということもあり得ない話ではないのだ。行政はこうした様々な課題を、ＡＩやロボットの活用、ＤＸなどで解決すると意気込んでいるが、テクノロジーは税金を納めてくれないので根本的な解決には程遠い。

と、ここまではある程度予測がつく内容なのだが、それに加えて不確定要素もある。例えば自然災害や、新型コロナウイルス感染症のような疫病、戦争の影響などである。これらは実際に近年起きたことで経済にも大きなインパクトを与えているが、こうした点まで考慮し始めるときりがないので、このあたりにしておこう。

以上のような社会状況を背景にして、ここからは2人の人物が舞台に登場する。まずは「将来に対して何の備えもしなかった人」、Ｄ氏である。

黙って現実を受け入れ、アクションを起こさなかったD氏の場合

D氏は現在65歳。彼は30歳の時に結婚し、2年後に長男が誕生、その2年後には次男も生まれて、35歳で一戸建てのマイホームを購入した。マイホーム購入の準備段階で、不動産会社をあれこれと調べている時に「不動産投資」という言葉が目に留まったが、少し考えて自分には必要ないと結論した。投資なんて、お金に余裕のある人がやることだ。それになんとなくギャンブルっぽい。人間、地道に努力を重ねることが一番だし、投資より貯金。それが何より安全だ。そう判断して、不動産投資のことはすぐに忘れてしまった。

彼はマイホームを建ててから一層真面目に働き、お金のかかる趣味なども持たず、家庭では良き父親であろうと努めた。転職などには目もくれずコツコツと仕事を続け、生え抜きの社員として信頼され、65歳まで勤め上げて定年退職……の予定だったが、老後の暮らしに経済面で不安があったので70歳まで仕事を続けたいと申し出て、会社も承知してくれた。再雇用というかたちだったので、65歳で一旦退職ということになり、退職

金も出た。金額は期待していた２０００万円には届かず１５００万円だったが、文句は言えない。同世代の仲間はもっと金額が少なかったらしいし、転職を繰り返した友人は雀の涙だと嘆いていた。退職金が出ただけでも自分はまだマシなのだろう。ちょうどマイホームのローンも終わり、年金の支給も始まっている。若い頃は、ここで悠々自適の生活に入る自分を想像していたのだが、現実はそれどころではない。

まず、当たり前の話だが再雇用で給与は減っているし、５年後に完全に離職してしまうと給与収入がゼロになる。以前は年収６００万円を超えていたのに対し、年金収入だけになってしまったら、生活していく上で全然足りない。再就職は……まず無理だろう。ＡＩやロボット社員が当たり前になって以来、仕事の口は激減しているのに、働きたい高齢者は急増して需給のバランスが壊れているのだ。貯金は……頑張ったのだが思うように増えなかった。給料がなかなか上がらないのに物価や税金はどんどん上がっていくのだから仕方ない。また、２人の子どもはそれぞれ私立大学に進学したため在学中は出費が増え、奨学金を受ける選択をさせたくないという親心から学資ローンを２回組んだため、その支払いもまだ続いている。必要なお金だったとはいえ、やはり苦しい。

自家用車を買い換えたいという気持ちもあるが、もうしばらく乗り続けなくてはならないだろう。今はとにかく出費を抑えたい。退職・再雇用の時に受けたカウンセリングでも、ライフプランナーに言われたのだ。「現在の貯蓄から試算すると、完全に離職して11年後には枯渇します。年金だけの収入では病院にもかかれません。実際にそういった例をいくつも見てきました。人間らしい最低限度の生活を維持したいのであれば、直ちに倹約を徹底してください」と。

いざとなればマイホームという資産がある。以前はそう思っていたが、どうも風向きがおかしい。数日前のニュースでも「郊外の地価、軒並み大幅下落」という見出しを目にした。人口が減って、郊外のマイホームの需要も減ってきているらしい。たしかに、近所でも虫食いのように空き家が目立つようになってきた。土地と家は一生の財産だと思っていたのだが、今では当てにならないということだ。

そうした中、D氏は時々自分の人生を振り返る。今まで40年以上働き続けてきた。何も贅沢はしていない。頑張り続けてきたので体にも少々ガタがきている。なのに、あと5年も働くのか。ネットのニュースでも見て気を紛らせようと思うが、どうも悪いニュースばかりが目について困る。D氏は考えるのをやめ、床に寝転んで目を閉じるが、やはり重たいものが頭から離れず、またふりだしから考え始めてしまう。若いころからがむしゃらに働き続けて、一生懸命子育てをして、税金も年金も納めて贅沢とは無縁の生活を送ってきたのに、10年後の生活が見えない。なぜこうなったのか。そんな思考の堂々巡りを続けているうちに、D氏は時々叫びたくなる。「一体誰のせいだ！」

現実に抗おうと、すぐにアクションを起こしたE氏の場合

E氏は現在65歳。彼は30歳の時に結婚した。結婚前からマイホームのことを真剣に考えていた彼は、まずは相談してみよう、と不動産屋に足を運び、そこで不動産投資の話を聞いた。勘のいいE氏は直感的に反応し、担当者と一緒にライフプランを作成。それが実現可能なものだと確信した。そしてそのライフプランに従ってスタートを切り、不動産投資を始め、まもなくマンション2戸のオーナーとなった。

その後、結婚2年目に長男が誕生、さらに2年後には次男が誕生した。憧れのマイホームもその頃にはすでに手にしており、太陽光発電投資も開始。周りには「若いうちから

そんなに借金して大丈夫か」と言う人もいたが、E氏自身は融資と借金の違いを理解していたので不安はない。給与収入から払うのもマイホームのローンだけだった。

やがて子どもたちは成長し、2人とも私立大学に入学した。学費は1人分の授業料だけで年間100万円を超えたが、給料で足りない分は太陽光で得た蓄えがあったので、2人が同時に在学している期間でも無理なく払えた。

E氏は、会社では真面目に働き、家庭では良き父親であろうと努めた。コツコツと自分の役割を果たし、65歳になると同時にすっぱりと定年退職した。会社からは再雇用の提案があったがこちらから辞退した。もう十分働いたから満足だ、という気持ちだった。

退職金は1500万円だった。この金額は想定の範囲内だ。それに加え、手元にはすでにキャッシュで2000万円を超える貯金がある。給与収入はなくなったが、マイホームのローンは完済しており、自宅とは別にマンション2戸のオーナーなので毎月10万円ほどの家賃収入がある。さらに彼には太陽光発電による売電収入もある。

もちろん年金も支給されるが、彼にとってはいくつかの収入源の1つに過ぎない。金額も、生活していく上で頼りにするには不十分な額だし、これも若い頃に描いたライフプランの想定内だ。

これまでコツコツと真面目に生きてきて、無事に2人の子育ても終えたし、会社では部長職をきちんと勤め上げた。これからはお楽しみの時間だ。退職時に受けたカウンセリングでは、ライフプランナーも「貯蓄も人生設計も、何も言うことはありません。うらやましいくらいです」と言っていた。とりあえず、今の時点では上出来だと自分をほめてやりたい。

E氏はふとネットのニュースに目をやったが、すぐに画面を閉じた。暗いニュースばかりで、興味のある内容はなかったからだ。今日は妻とショッピングかドライブにでも行こうと考え、彼は立ち上がり、大きく伸びをして、目を閉じて思う。「やっとこういう時間を持てるようになったのだな」と。

2人の明暗を分けたもの

以上、2つの人生を示してみた。これらは共に架空の話だが、今の現実をベースにシミュレーションしたものであり、**将来的には逃れられない〝リアル〟**だと私は思っている。

この、何もしなかったD氏の例を見て「ここまでひどいことにはならないだろう」と思う人があるかもしれないがむしろ逆で、**実際にはもっと厳しい現実が待っている可能性もある**と私は考えている。そしてその可能性は決して低くない。少し考えただけでも、35年後に仕事はあるのか？　それはあなたが本当にやりたい仕事なのか？　会社は存続しているのか？　給与収入は十分なのか？　その時消費税は何パーセント？　と疑問符がいくつも並んでしまう。その上、海外からの労働力の流入や、ＡＩ・ロボット社員の活用などを考え始めると、もうきりがない。

そんなD氏の姿に対して描かれたE氏の将来像を「こんなにうまくいく訳がない」と感じた人がいたとしてもやはりそれは逆で、彼の場合は退職金、年金、マイホームに加えて、積み上げたキャッシュとマンションが2戸、太陽光発電があるのだ。二重三重に備えておいたおかげで、万一どれかが頓挫していたとしても他の何かが残る。アセットアロケーションを実践していたので、全ての投資が失敗する可能性は極めて低い。それだけでなく、もしE氏が大福メソッドのフェーズ6に進んでいれば、アパート1棟（もしくは2棟）のオーナーになっている可能性もある。だとすれば**さらに余裕のある生活が実現できている**ことだろう。

この2人の明暗を分けたのは、まず**〝決断力〟**だ。そして想像力と行動力の違いも大きく影響している。まだ若い頃、2人は同じように不動産投資というものに出会い、E氏はそれが自分の人生にどう作用してどんな変化をもたらしてくれるのかを想像して、挑戦をしようと決断し、すぐに行動に移した。D氏は想像も決断も行動もしなかった。あるいは、何もしないという決断をした、とも言えるだろう。そしてその結果、得るものはなかった。本書の序盤で**「将来のために何もしない方がリスクだ」**と強調していたのは、つまりこういうことなのだ。

私がこのシミュレーションで伝えたかったのは、35年後の未来において自立した生活ができるか、人生の後半をトーンダウンさせずに豊かに暮らせるか、ということだ。そして誰もが今、その明暗を分ける岐路に立ち、決断力を試されている。やがてくる将来、「年金がこれっぽっち? 無理です、何とかしてください」と国にすがるか、あるいは「私の方は大丈夫ですので」と国を突き放すか、あなたはどちらの立ち位置にいたいだろうか。

全ては今のあなたにかかっている。

コラム❸

お客様の声
～大福メソッドを始めて変わったこと～

ここでは、大福メソッドを今まさに運用中の方々の声をお届けしたい。ここに登場する3人のお客様は、皆さんともに普通の会社員で、家族のために、社会のためにと日々一生懸命働いている方々である。こうした人たちに、当社は〝福〟をもたらしたいと考えている。大福メソッドについて、実際に体験した皆さんはどう感じているのか、ありのままの感想を紹介する。

Tさん（34歳）　建築会社勤務

［不動産投資ポートフォリオ］●区分マンション2件、●太陽光1区画

今一番感じているのは「なぜ今までやらなかったのか」という気持ち

私の姉が先に大福で不動産投資を始めていたのですが、最初に話を聞いた時は正直警戒しました。「それって騙されてるんじゃない?」と(笑)。でも、自分の年収も上がってきて、姉から「税金がもったいないから話だけでも聞いてみて」と言われたのが大福にお世話になったきっかけです。そこから実際に不動産投資を始めてみて、本当にびっくりしました。こんなに税金の額が違うのか……と。

前々から、年収が上がったのに手取りが少ないな、とは感じていましたが、深くは考えていませんでした。でも、大福で投資を始めて、**節税でこんなに手取りが変わるのか**と唸りました。具体的な額を言うと、子どもの保育料だけで4〜5万安くなり、手取りも3万ほど増えて、**月間の収支が約8万円プラス**です。特に何もしていないのに(笑)。昨年に関しては、太陽光の消費税還付や住宅取得控除なども含めると年間で330万くらい節税できたんです。今感じているのは、「なんでもっと早くやらなかったんだろう」という気持ちです。

街の発展が直接自分に跳ね返ってくる——福岡の再開発が楽しみで仕方がない

仕事柄、福岡の再開発に直接関わることがあります。投資を始めてからは、**街の発展が自分の保有している不動産価値にダイレクトに跳ね返ってくる実感**があって、すごく楽しいですね。

あと、最近は太陽光も始めたので、収入もプラスになっています。ただ、大福からアドバイスいただいたので、将来のための貯蓄にしっかりまわすつもりです。太陽光は20年で一区切りなので、1000万円貯まっている計算になります。マンション投資も合わせると、ほぼ老後の不安はないなと思います。この安心感を得られたことに、本当に感謝しています。

Fさん（28歳）　電力系企業

［不動産投資ポートフォリオ］●区分マンション2件

節税できて、家族に資産も残せる。投資は今の自分に必須の選択でした

投資を始めると決めた時、妻は「本当に大丈夫なの？」と心配していました。「責任は自分がとるから」と押し切った形でしたが、今は妻も喜んでいます。実感として変わったのは、税金に対する意識です。税金は当然取られるもので、それがどういう名目で、なぜその金額か、など一切知らなかったんです。それよりも仕事に必死で……私たちの年代はそんな人が多いように感じます。

でも、大福でお世話になって投資を始めて、戻ってくる金額を知った時には驚きました。こんなに違うのかと。**重税感に関してはほとんどなくなりました。**

不動産投資には生命保険に代わる安心感がある

私はまだ20代ですが、これから何があるか分かりません。もし自分に万一のことがあった時に、**家族に不動産という確かな資産を残せるという生命保険的な面**も安心感につながっています。団信があるというのも、他の投資にはない強みです。

今は、太陽光に取り組もうと、具体的に検討しています。将来のために投資マンションをまずセットできたので、次はキャッシュフローが生まれる太陽光を自分のプランに取り入れてみたいです。今後も、大福不動産に色々教わろうと思っています。

Wさん（23歳） 建築会社勤務

【不動産投資ポートフォリオ】●区分マンション1件

税金は自分で
コントロールできるものなんだと気づきました

投資には以前から興味がありました。私は「いずれ起業したい」と思っていて、**お金を自分のコントロール下において回していく、**ということをやってみたかったんです。なので、貯蓄というよりも、投資で生まれた資金をまた別の投資にまわしていく、というイメージで取り組んでいます。数字を読むことは経営の勉強にもなりますし。

ただ、最初は少し怖かった、というのが本音です（笑）。やる気はあっても知識は全くありませんし。そんな中で大福にお世話になり、色々教えてもらって「大丈夫だ」と確信しました。今は始めたばかりなのでマンション1件だけですが、妻とも相談して、近いうちに2件目も購入しようかと考えています。

マンション投資で手応えを得たので、次は太陽光投資に取り組みたい

実を言うと、**「投資をしている」という感覚はあまりない**んです（笑）。大福さんが全てやってくれていて、自分は特に何もしていないので。不動産投資を始める前は、大家になれば面倒なことが色々とあるのかな……と思っていたんですが、実際は何もしてない。入居者の方と話したこともないですし。こんなに楽でいいのかな、というのが正直な気持ちです。でも、だからこそ2件目、3件目を考えられるんですよね。そんな時に大福不動産はいつでも相談に乗ってくれるので、自分にとってとても心強い存在です。

あとがき ——大福不動産10年間の集大成として——

大福不動産は、２０２３年12月で創業10周年を迎える。これは単なる数字の区切りだし、１００年企業が3万社を超えるといわれている日本ではまだまだ未熟過ぎるのだが、それでもやはり私にとっては意味のある区切りだと感じている。

私がこれまでサポートしてきたお客様もかなりの数になってきた。その一人ひとりの人生に物語があり、私たちもその物語をより幸福感あふれるものにできればと力を尽くしてきた。そうした中でお客様とのネットワークが生まれ、おのずと当社のノウハウも蓄積されている。そうしたノウハウは、お客様からの頂きものだ。頂いたからには独り占めにせず、そこに価値を加えて、再び誰かに贈らなくてはならない。それをするには10周年という節目はちょうど良い。そんな思いで、大福不動産10年の集大成としてこの一冊を世に出すことにした。

冒頭でも述べたが、本を出すということに対し、私の頭には「僭越」の2文字があった。まだまだ自分は、経営者の中では〝若輩者〟である。そんな自分が……という感覚もあったが、それよりも、今この本を世に出して伝えないといけない、という気持ちの方が強かった。それに、「不動産投資は早い方がいい」と言っている本人が出版をためらっているようでは矛盾している、とも考えたのだ。

実際、当社がサポートしてきたお客様たちの様子を見て、何らかのお役に立てているのは間違いないという確信もあった。今後も、1人でも多くの人がそうなってくれればと、切に願う。

ところで、本書を執筆中に、新しいトピックが入ってきた。令和5年6月に厚生労働省が発表した最新版の人口動態統計によると、出生数が80万人を大きく割り込み、またもや過去最少を更新したというのだ。

コロナ禍による結婚・出産の減少が影響しているという分析もあるが、出生率の低下は今に始まったことではないので、こうした傾向は当面続くはずだ。どうやら、国や専門機関の予測よりも少子化は進行しているらしい。

……と、このように、私は本書を通して、現在の日本が抱えているネガティブな面をかなり多く述べてきた。いずれも事実であり、それが私たちの未来を脅かしているのも間違いないのだが、誤解が生じる可能性があるので念のため弁解しておきたい。私は日本の未来に絶望している訳ではなく、むしろ「絶望してはならない、希望はある」と考えている。だからこそ、この一冊を作ったのだ。

私は22歳の時、関西から身一つで電車に乗り、博多に着いた。「人生を変えたい」という漠然とした思いはあったが、それ以外は何も持たない無一物からのスタートである。その後、ふとした縁から不動産業界に入り、修行を積んだ後に起業、10年を経て現在に至る。福岡に来て25年、書ききれないほど色々なことを経験し、たくさんの失敗もした。そんな中でも希望だけは持ち続けていた。今の日本の社会システムが変わってほしいと思っているし、それを願って自分も行動もしていきたい。

結論すると、私がこの本で一番伝えたかったのは「不動産投資をやろう」ということではなく、「希望を持って、自分で人生を切り拓く力を身につけよう」ということだといえる。選ばれた者に充実した未来が与えられるのではない。自分が未来を選ぶ。そんな気付きを、この本を通してもたらすことができれば満足だ。未来が逃げないうちに、ぜひアクションを起こしてほしい。

上野大輔

【著　者】
上野 大輔（うえの だいすけ）
株式会社大福不動産 代表取締役社長

1976年1月30日生まれ。20代で独立し、福岡で投資不動産会社を設立。投資不動産コンサルタント歴25年。通算販売戸数2000件超のエキスパート。2013年より株式会社大福不動産を始動。独自の投資メソッド「大福メソッド」を提唱し、サラリーマン・公務員・医師を中心に多くの顧客を持つ。

アスファルトに種《たね》を蒔《ま》け

35年後《ねんご》に芽吹《めぶ》く！老後《ろうご》2000万円問題《まんえんもんだい》を吹《ふ》き飛《と》ばすための不動産投資術《ふどうさんとうしじゅつ》

令和5年12月25日　初版発行

著　者　上野大輔
発行者　田村志朗
発行所　㈱梓書院
　　　　福岡市博多区千代3-2-1
　　　　電話 092-643-7075

印刷・製本／亜細亜印刷

ISBN978-4-87035-789-1　©2023 Daisuke Ueno,Printed in Japan
乱丁本・落丁本はお取替えいたします。
本書の無断複写・複製・引用を禁じます。